PSICOLOGIA E DIREITOS DA INFÂNCIA

Esboço para uma história recente
da profissão no Brasil

COLEÇÃO HISTÓRIAS DA PSICOLOGIA NO BRASIL

MARCELO DE ALMEIDA FERRERI

PSICOLOGIA E DIREITOS DA INFÂNCIA

Esboço para uma história recente
da profissão no Brasil

Casa do Psicólogo®

© 2011 Casapsi Livraria e Editora Ltda.
É proibida a reprodução total ou parcial desta publicação, para qualquer finalidade, sem autorização por escrito dos editores.

1ª Edição
2011

Editores
Ingo Bernd Güntert e Juliana de Villemor A. Güntert

Assistente Editorial
Aparecida Ferraz da Silva

Capa
Sergio Gzeschnik

Projeto Gráfico & Editoração Eletrônica
Sergio Gzeschnik

Produção Gráfica
Fabio Alves Melo

Preparação de Original
Patrícia de Fátima Santos

Revisão
Maria A. M. Bessana

Dados Internacionais de Catalogação na Publicação (CIP)
(Câmara Brasileira do Livro, SP, Brasil)

Ferrari, Marcelo de Almeida
 Psicologia e direitos da infância : esboço para uma história recente da profissão no Brasil / Marcelo de Almeida Ferrari. -- 1. ed. -- São Paulo : Casa do Psicólogo®, 2011.

Bibliografia.
ISBN 978-85-62553-12-7

1. Crianças - Aspectos sociais 2. Crianças - Direitos 3. Infância 4. Psicologia - História - Brasil 5. Psicologia clínica 6. Psicologia infantil 7. Psicologia social 8. Psicólogos - Formação profissional I. Título.

10-04135   CDD-155.4

Índices para catálogo sistemático:
1. Brasil : Psicólogos : Formação profissional : Psicologia e direitos da infância : Psicologia infantil 155.4

Impresso no Brasil
Printed in Brazil

As opiniões expressas neste livro, bem como seu conteúdo, são de responsabilidade de seus autores, não necessariamente correspondendo ao ponto de vista da editora.

Reservados todos os direitos de publicação em língua portuguesa à

Casapsi Livraria e Editora Ltda.
Rua Santo Antônio, 1010
Jardim México • CEP 13253-400
Itatiba/SP – Brasil
Tel. Fax: (11) 4524-6997
www.casadopsicologo.com.br

Apresentação do Conselho Federal de Psicologia

A atenção ao resgate da história da Psicologia no Brasil tem sido uma marca da atuação dos nossos conselhos profissionais ao longo da última década. De fato, o Plano Estratégico estabelecido pelo Conselho Federal de Psicologia em 1997 apontou esse tema como elemento fundamental para as ações de fortalecimento da profissão dos psicólogos no país.

Nesse período, foi realizada extensa gama de atividades voltadas ao estabelecimento de referências claras para a compreensão do processo de surgimento tanto da profissão quanto do pensamento psicológico no Brasil. Dezenas de livros e gravações em vídeo foram realizadas com recursos dos profissionais de Psicologia. Dentre essas dezenas de livros, encontra-se a série da qual este volume faz parte.

Nunca antes o tema da história da Psicologia recebeu tanta atenção dentro e fora da academia. Os conselhos deram contribuição inestimável para o resgate da memória da Psicologia no território nacional. As publicações do projeto Memória da Psicologia Brasileira vêm buscando o objetivo de permitir aos profissionais da área o reconhecimento da longevidade da construção da Psicologia e a tomada de consciência sobre o processo histórico de seu surgimento.

Produzir e tornar disponível material histórico é essencial para que os profissionais tenham elementos para situar sua atuação no tempo, identificar soluções já testadas para problemas que ainda existem e contextualizar os desafios que enfrentam no dia a dia, logrando produzir respostas cada vez mais qualificadas às demandas profissionais e acadêmicas. Passados 13 anos desde o início deste trabalho, temos a felicidade de anunciar que, no momento de lançamento desta obra, estamos iniciando a comemoração do cinquentenário da Psicologia Brasileira. Essa é a perspectiva estabelecida pelo Conselho Federal para orientar suas ações nos temas relacionados à memória da Psicologia até o ano de 2012, quando se completam cinquenta anos da Lei 4.119, de 27 de agosto de 1962, que regulamentou a profissão no Brasil.

Humberto Verona
Presidente do Conselho Federal de Psicologia

Apresentação da Coleção

A coleção "Histórias da Psicologia no Brasil" é uma iniciativa do projeto Memória da Psicologia Brasileira do Conselho Federal de Psicologia, em associação com o Grupo de Trabalho em História da Psicologia da Associação Nacional de Pesquisa e Pós-graduação em Psicologia (ANPEPP). O objetivo da coleção é tornar disponíveis trabalhos que abordam diferentes aspectos e tendências da Psicologia brasileira, apresentados recentemente à comunidade de estudiosos da história de nossa área de estudo e pesquisa, na forma de teses e dissertações de pós-graduação. A adaptação desses textos acadêmicos para o público mais amplo, na forma de textos introdutórios curtos e objetivos, certamente poderá contribuir para ampliar o conhecimento sobre a Psicologia brasileira, em perspectiva histórica, nos diversos cursos de graduação na área.

O Conselho Federal de Psicologia tem apoiado já há alguns anos a divulgação dos estudos cada vez mais numerosos sobre a história da Psicologia no Brasil. O projeto Memória da Psicologia Brasileira tem por finalidade justamente contribuir para resgatar e ampliar o conhecimento sobre a evolução histórica da área da Psicologia no Brasil, em seus aspectos de produção intelectual, científica, institucional e profissional. A profissão do psicólogo foi recentemente regulamentada no país – a legislação de regulamentação profissional data de 1962. A própria criação do Conselho

– órgão encarregado de velar pela organização do exercício profissional e que congrega todos os psicólogos brasileiros – é ainda mais recente, datando de 1972. No entanto, a produção intelectual relacionada a essa área de conhecimento é bem mais antiga, acompanhando a história da nossa cultura e de nossa sociedade. O relativo desconhecimento sobre a formação histórica desse campo importante de reflexão sobre o humano em suas diversas manifestações e transformações levou à institucionalização do projeto, apresentado inicialmente no XI Plenário (1999-2001) e assumido com entusiasmo pelas gestões posteriores. O apoio do Conselho tem sido imprescindível para ampliar a pesquisa sobre o desenvolvimento da Psicologia como área de conhecimento e como profissão no Brasil, e para colocar à disposição de estudantes e profissionais um conjunto precioso de informações sobre personagens e fontes que fizeram parte do processo de construção da área entre nós. No âmbito do projeto Memória, foi editado o *Dicionário biográfico da Psicologia no Brasil* (Rio de Janeiro: Imago/ Conselho Federal de Psicologia, 2001). Foram também instituídas as Coleções *Clássicos da Psicologia Brasileira* e *Pioneiros da Psicologia no Brasil*, com a finalidade de reeditar textos hoje considerados clássicos por sua contribuição importante e original no desenvolvimento do campo, e de divulgar os estudos aprofundados sobre as obras de personagens que, por seu trabalho intelectual e por suas iniciativas, colaboraram na ampliação e no desenvolvimento das instituições e práticas profissionais na área. A nova coleção *Histórias da Psicologia no Brasil* vem completar o quadro de referências sobre nossa história, contemplando estudos sobre conceitos e movimentos importantes na formação da Psicologia no Brasil.

O projeto Memória tem contado, desde o seu início, com a colaboração do Grupo de Trabalho em História da Psicologia da Associação Nacional de Pesquisa e Pós-graduação em Psicologia, cujos membros, estudiosos da história da Psicologia em diversas universidades brasileiras, são responsáveis pela pesquisa, seleção e comentários dos títulos e volumes editados. A associação entre o CFP e a ANPEPP tem contribuído para tornar real o sonho de trazer para o presente o conhecimento de nossa história, fortalecendo e aprofundando nossos laços com o passado e ampliando nossa capacidade crítica e produtiva na área de Psicologia. Trata-se de ampliar, entre os psicólogos e também para o público geral, o conhecimento sobre a evolução dessa área científica e profissional entre nós, visando não só compreender a formação e tendências já consolidadas da Psicologia, como também contribuir para tornar mais sólido o conhecimento atualmente produzido.

Regina Helena de Freitas Campos
Conselheira convidada do XIII Plenário do
Conselho Federal de Psicologia
Coordenadora do projeto Memória da Psicologia
Brasileira entre 2005 e 2007.

Sumário

Prefácio 17
Conselheira Alexandra Ayach Anache

Cronologia 21

1 Por um novo momento da história da profissão 23

2 Condições históricas da relação entre Psicologia e direitos da infância 35
   O erro colossal e o espírito de *Emílio* 37
   Institucionalização das profissões e da infância 46
   "Correr para permanecer no mesmo lugar" 56

3 Novos direitos da infância e reorganização da profissão 71
   750 crianças no Plenário 75
   Para além da mãe pouco provedora 84
   Contra a antropofagia econômica 94

4 A política na Psicologia através dos congressos 107
   O funcionamento dos congressos 108
   Narrativa dos congressos e propostas para a infância ... 115

5 A política na narrativa da profissão 143

Referências bibliográficas 149

11

Dedicatória

A Raul e Ingrid, por uma nova experiência com a infância,
À infância, por uma outra maneira de ver o mundo.

Agradecimentos

Os agradecimentos misturam pessoas e instituições, laços pessoais e siglas institucionais, gente que tem ligação permanente na minha vida e repartições, despachos e assinaturas que passaram longe de mim. Na mistura, seguem agradecimentos à Universidade Federal de Sergipe; ao Departamento de Psicologia e ao Grupo de Estudos e Pesquisa em Exclusão, Cidadania e Direitos Humanos (GEPEC). Mais próximo, meu agradecimento à Teresa, Manoel, Paulo e Cristina, amigos que conheci em meio às repartições, despachos e assinaturas.

Agradeço ao Programa de Pós-Graduação em Psicologia Social da Universidade do Estado do Rio de Janeiro e mais precisamente ao Núcleo Clio Psyché de Estudos e Pesquisa em História da Psicologia. Ainda mais próximo, agradeço a acolhida e a amizade à professora Ana Maria Jacó-Vilela, orientadora no processo de doutoramento, e à professora Heliana de Barros Conde Rodrigues, grande amiga e colaboradora nesse processo. Agradeço também à Irene, Alessandra, Renato, Alexandre, Flávia, Adriana e todos os amigos da convivência e carinho durante o doutoramento.

Agradeço ao Conselho Federal de Psicologia pelo apoio ao estudo pelo acesso à documentação, à Coordenação Técnica pela atenção na feitura da tese e do livro, aos organizadores da Coleção Histórias da Psicologia no Brasil. Ainda mais próximo, agradeço à Ana Mercês Bahia Bock por todo apoio à pesquisa.

Agradeço às professoras Cecília Coimbra, Esther Arantes e Lúcia Rabello que, junto com Ana Jacó e Ana Bock, avaliaram o estudo e colaboraram com o amadurecimento deste trabalho.

Agradeço ao GT de História da Psicologia da Associação Nacional de Pesquisa e Pós-graduação em Psicologia pela iniciativa da Coleção Histórias da Psicologia e, em especial, à professora Regina Helena de Freitas Campos.

Agradeço à Capes pelo apoio financeiro à pesquisa.

Agradeço à minha família, Ingrid e Raul, pelo apoio cotidiano que me fortalece para enfrentar siglas, assinaturas, despachos e repartições...

Prefácio

A obra de Marcelo de Almeida Ferreri integra um conjunto de pesquisas que se debruçaram sobre a história da profissão de psicólogo no Brasil. Seu recorte foi mostrar a relação existente entre a constituição desse campo e a luta sobre os direitos da infância. A originalidade do texto encontra-se no esforço do autor em mostrar como os psicólogos lidam com a realidade sociopolítica dos últimos tempos, visto que a profissão se aproxima dos seus cinquenta anos de existência.

O autor apresentou a ação dos Conselhos de Psicologia, considerando a realidade socioeconômica brasileira e seu impacto na defesa dos direitos da infância no país. Ferreri debruçou-se sobre as produções dos profissionais participantes dos Congressos Nacionais de Psicologia, com ênfase nas teses desses eventos. Note-se que o Sistema Conselhos de Psicologia tem investido na defesa dos direitos humanos, sendo que os cuidados com a criança estão na agenda política dessa autarquia.

O autor demonstrou em seu trabalho que os temas relacionados aos direitos da infância foram apresentados nas teses dos Congressos Nacionais de Psicologia. Esse investimento se deve ao fato de a Psicologia, enquanto área de conhecimento, ter acumulado um conjunto de saberes e práticas que a autoriza a contribuir para a compreensão do processo de desenvolvimento das crianças, considerando seus interesses e necessidades em diversos campos, sobretudo na educação, na saúde e na vida social. Nesse sentido, tem importância decisiva na delimitação do campo de atuação profissional, bem como na construção do projeto de cientificidade do saber psicológico. Nas palavras do autor:

> [...] a infância é colocada como algo distinto de um mero objeto para o conhecimento psicológico, ela é força constitutiva do psicológico, ao lado de outros elementos. E se foi fundamental na delimitação do campo de saber específico na passagem do século XIX para o século XX, é novamente imprescindível no projeto de inserção política dos psicólogos na realidade social do Brasil atual.

Diante do conjunto de conhecimentos e das transformações sociais do século XX, os direitos da criança mereceram destaque, sobretudo no campo da assistência social, sendo esse o lócus privilegiado para a análise do percurso profissional, visto que foi necessário construir políticas de direitos nas diferentes instituições brasileiras.

Na primeira parte desta obra, Ferreri apresenta o contexto social em que surge a relação dos psicólogos brasileiros com os direitos da infância, com destaque para o impacto das Guerras Mundiais que ocorreram na primeira metade do século XX. Certamente, a atenção à população infantil mereceu cuidados, com ênfase ao combate da exploração de crianças em trabalhos forçados e outras situações de abuso e de violência. Essas ideias foram disseminadas pelo mundo, inclusive no Brasil. Os psicólogos, enquanto profissionais, envolveram-se de forma mais articulada na defesa dos direitos da infância nos anos de 1980, coincidindo com o fim da ditadura militar. Sabe-se que, anteriormente, houve investimentos dessa natureza no campo da assistência à população pobre e marginalizada, incluindo crianças e adolescentes.

No capítulo seguinte, o autor aprofunda os temas relacionados à profissionalização da Psicologia e da prática do psicólogo na assistência à infância. Ferreri destaca as versões e as inserções da Psicologia na Política Nacional de Bem-Estar do Menor, vigente no período da ditadura militar, e faz uma análise crítica da atuação profissional frente aos movimentos sociais em prol da redemocratização nacional, dando ênfase à atuação dos conselhos profissionais, com diferentes formas de participação na elaboração do Estatuto da Criança e do Adolescente (ECA).

Os Congressos Nacionais de Psicologia (CNP's) adquiriram *status* no âmbito da profissão, visto que, ao agregarem os psicólogos, permitiram a essa categoria construir políticas de atuação na sociedade brasileira. Por isso, o autor dedicou a terceira parte da obra aos CNP's ocorridos no período de 1994 a 2004, considerando sua forma de organização, funcionamento, produções e deliberações no que tange à assistência à infância.

Ao analisar cada uma das teses produzidas nos dez anos de Congresso, Ferreri mostrou que o tema infância esteve presente nos documentos produzidos pelos conselhos, marcando um campo de luta e de inserção profissional. Também houve manifestações sobre as condições e a ampliação do campo de trabalho do psicólogo nos diversos órgãos de atendimento à criança e ao adolescente. Com relação a esse assunto, o autor salienta que os interesses corporativos não devem se sobrepor à construção de uma sociedade que tem como princípio axiológico a defesa dos direitos humanos. O autor destacou: "Lutar pela inclusão do psicólogo e pelos quesitos trabalhistas necessários ao exercício profissional coabitaria pacificamente na "praça" de enfrentamentos pelos direitos e por políticas sociais para a infância". Essas palavras convidam o leitor à reflexão sobre os modos de inserção profissional na sociedade brasileira.

Conselheira Alexandra Ayach Anache
XIV Plenário do Conselho Federal de Psicologia

Cronologia

1924 - Declaração de Genebra; criação do Juizado de Menores no Brasil
1927 - I Código de Menores
1934 - A Constituição Federal atribui à União a competência de regulamentar as profissões
1940 - Criação do Departamento Nacional da Criança
1941 - Criação do Serviço de Assistência ao Menor
1959 - Declaração Universal dos Direitos da Criança
1962 - Regulamentação da profissão e do reconhecimento dos cursos de Psicologia – Lei 4119
1964 - Golpe militar; criação de FUNABEM – PNBEM
1971 - Regulamentação dos Conselhos de Psicologia – Lei 5766
1979 - Ano Internacional da Criança; aprovação do II Código de Menores
1985 - Fim da ditadura militar; criação do Movimento Nacional de Meninos e Meninas de Rua
1989 - Convenção Internacional dos Direitos da Criança e do Adolescente; Congresso Nacional Unificado da Psicologia
1990 - Promulgação do Estatuto da Criança e do Adolescente (ECA)
1994 - I Congresso Nacional de Psicologia
2004 - V Congresso Nacional de Psicologia

Cronología

1

Por um novo momento da história da profissão

Na comemoração dos 25 anos da profissão no Brasil, em 1987, Isaías Pessotti afirmou que somente naquele momento a Psicologia se voltava para os problemas socioeconômicos do país. Após fazer um balanço histórico do saber e da prática psicológica desde os tempos coloniais até o período da regulamentação da profissão, nomeando a profissionalização da Psicologia como etapa final dessa trajetória, o autor sustentou que os psicólogos estavam, enfim, lidando com as condições concretas de vida da população (Pessotti, 2004, p. 225). A ocasião histórica era propícia a isso, o texto foi contemporâneo da Constituição de 1988, época em que a população estava cuidando de si mesma. Portanto, se a institucionalização profissional da Psicologia significou o fim do percurso histórico do saber naquele momento, se o contato com a realidade social foi comemorado como o ponto último da história da profissão, que, por sua vez, era a última parte da história da Psicologia brasileira na visão do autor, é hora de retomar o curso dos acontecimentos e prosseguir com a narrativa da profissão para analisar o que esse contato com o "real" tem produzido. Afinal, duas décadas se passaram e é possível que já tenham ocorrido mudanças a serem contabilizadas.

Em vista disso, é possível antecipar que a história de uma profissão aqui não significa, necessariamente, o relato do desenvolvimento técnico de uma especialidade, nem sequência temporal da aplicação de um conhecimento específico e tampouco a descrição de conquistas em abrigo no mercado de trabalho. Para que ocorra a reflexão sobre em que ponto se encontra o enfrentamento da realidade brasileira pelo psicólogo, história da profissão quer dizer descrição de embates internos e externos dos profissionais, perpassados por uma conjuntura sociohistórica na qual estão inseridos. Implica, portanto, em uma história política particular da categoria, que se inscreve no desenrolar de uma história política mais ampla, a do país e também, no caso deste estudo, a de uma nova ordem das relações internacionais com os chamados grupos sociais desfavorecidos, como será visto.

É necessário, primeiro, situar a narrativa descrita nas linhas que se seguem em relação ao campo de estudos da profissão. A noção de profissão, como se sabe, tem uma gama de discussões vastíssima que envolve grandes linhas teóricas sociológicas (funcionalistas, marxistas, pós-estruturalista e outras) na tarefa de definir o que significa o termo em relação a outras atividades de trabalho desenvolvidas na vida social. As questões que envolvem a delimitação da noção de profissão são demasiadamente complicadas e colocam em curso uma retórica interminável de argumentações. Tal debate conceitual não será reproduzido neste estudo. Em vez disso, partindo da afirmação de Eliot Freidson (1998), em que a preocupação sociológica com a definição conceitual do termo vem abrindo espaço, desde os anos 1970, para um enfoque cada vez mais histórico e político a respeito das numerosas especialidades profissionais, a análise do percurso dos psicólogos concentrará esforços no traçado temporal desse grupo profissional, tendo em vista o efeito que as forças políticas contextuais e institucionais exercem sobre o direcionamento e organização de suas práticas técnicas. Abrir mão do debate teórico para privilegiar o enfoque histórico-político levará este estudo a cair de forma destacada nas ações das entidades de classe, mais especificamente sobre os Conselhos de Psicologia, por entender que essas entidades dinamizam esses efeitos políticos de modo exemplar, pelo menos no caso dos psicólogos brasileiros.

A ação das entidades profissionais delineia-se basicamente por meio de três tipos de entidades: os conselhos para a fiscalização do exercício profissional, os sindicatos responsáveis pelas reivindicações de natureza trabalhista, e as associações para atender a aspectos mais tipicamente normativos e associativos. Essas entidades se encarregam, em última análise, do controle institucional da prática das profissões, atendendo a interesses diversos dos próprios profissionais e da sociedade em relação a esses grupos. O controle das práticas profissionais concentra grande interesse na pesquisa sociológica e diz respeito à administração do exercício profissional em relação a assuntos distintos, como: o respectivo corpo de conhecimento; as competências e jurisdições; a ação do Estado e a relação com os demais especialistas, dentre outros aspectos. Esse conjunto de fatores compõe o que se designa sob o termo regulação profissional, que, por sua vez, abrange questões como a regulamentação das profissões; a criação e a ação de entidades profissionais e a aplicação de códigos de condutas moralmente aceitos pelo grupo social. Apesar da organização das profissões regulamentadas envolver essas distintas entidades, o debate em torno dos Conselhos de Psicologia ocupará boa parte das análises que seguem.

Uma vez regulamentada a profissão, a criação de seu conselho profissional e de respectivo curso acadêmico para a concessão de diplomas (com controle pelos órgãos executivos da política de educação) pode ser procedimento contíguo e no caso da Psicologia o foi. O conselho profissional põe em jogo outro fator na ordem da regulação profissional: a ação legislativa na formulação da função privativa das profissões. No Brasil, pode-se dizer que a concepção de profissão que vigora de modo hegemônico está fortemente vinculada à ideia de função privativa, ou seja, aquela em que só uma profissão está formalmente autorizada a realizar.

Mais do que isso, é possível afirmar que o que caracteriza uma profissão é justamente ter uma função privativa e que em torno dessas funções surgem vários problemas. Nesse sentido, inquietações corporativas quanto a "refúgios" e garantias profissionais no mercado de trabalho são aspectos que possuem importância fundamental na relação dos profissionais com suas entidades e com seus campos de atuação.

A busca de proteção de um determinado mercado em benefício de uma profissão consiste na procura de um privilégio, legitimado pelo Estado, que privatize uma dada prática em favor de uma categoria profissional específica, dando ensejo ao que se chama interesse corporativo de uma profissão. Coelho aponta que, no Brasil, o principal mecanismo de "fechamento do mercado de prestação de serviços era, e continua a ser, o do credenciamento educacional, a posse do diploma de nível superior" (Coelho, 1999, p. 29), ou seja, o chamado curso de formação. Porém, esse não é o único mecanismo, pois há outras estratégias de busca de garantias e de espaços institucionais que muitas vezes passam por embates com leigos, com outros profissionais e com o próprio Estado. Outra estratégia de busca de refúgio e de conflito de interesse corporativo remete à incorporação de novas diretrizes políticas do campo de lutas sociais no conjunto das atribuições profissionais. É dessa natureza de conflito profissional que trata este estudo. Cabe ressaltar, entretanto, que as observações feitas recaem exclusivamente sobre a profissão dos psicólogos no Brasil.

A proposta que ora se apresenta é de contar a história recente da profissionalização da Psicologia, indicando que ela se encontra em outro momento que aquele, visto com Pessotti, de contato inicial com a realidade socioeconômica do país. Parte-se da ideia que os psicólogos brasileiros, em seu direcionamento para as questões sociais, já apresentam elementos suficientes para uma reflexão, ainda que pontual e parcial, sobre o que esses atores produzem com base no contato com a realidade mais ampla. Trata-se da afirmação de que se encontram em outro momento da profissão no qual já caberia a pergunta: como os psicólogos estão lidando com a realidade sociopolítica dos últimos tempos? O que esse contato gera na profissão e o que a profissão produz para os grupos sociais com os quais ela lida nesse processo? Mesmo que as respostas sejam apenas indicativos, pistas ou traços fragmentários (que em última análise sempre o serão), entende-se que já é possível sustentar algumas impressões desse percurso atual da profissão.

Para fazer essa reflexão, dois aspectos serão considerados de modo a definir um campo objetivo para a análise: primeiro, como já adiantado acima, a narrativa da profissão será bastante concentrada na ação dos Conselhos de Psicologia; o segundo é que a realidade socioeconômica enfocada, para fazer o balanço político dos rumos da profissão, será objetivada no âmbito da infância brasileira, mais especificamente falando, nas problemáticas da assistência à infância do país. Cabem, portanto, algumas justificativas.

Em relação aos conselhos, boa parte da investigação em curso se dedica a mostrar como tais entidades se tornaram instrumento para a inserção dos profissionais nas questões sociais. O que os psicólogos têm de forma bem particular em sua história profissional recente é que essas entidades passaram para um lugar de ponta no processo de mudança da postura política dessa categoria, principalmente na última década. Nesse sentido, os Conselhos de Psicologia se tornaram não apenas a voz institucional da profissão em seu anseio de se reconfigurar politicamente na sociedade, mas vieram a criar, em seu modo de funcionamento mais atual, um espaço privilegiado para as manifestações políticas dos psicólogos, especialmente quando eles participam dos chamados Congressos Nacionais de Psicologia (CNP), conforme será visto mais adiante. A posição levantada neste estudo é que a produção dos profissionais participantes desses congressos, as ditas teses de congresso, possibilita um raro acesso ao ideário político dessa profissão, que poucas vezes se manifesta de forma tão aberta e profícua.

Em relação à infância, não é novidade que a criança seja um tema de valor inestimável para a Psicologia. Henry Walllon (1879-1962), invertendo a ordem na relação de conhecimento, já havia destacado quanto a infância foi importante para a Psicologia em seu processo de autonomização e afirmação como campo de saber e não, como se atesta frequentemente, que apenas as pesquisas psicológicas contribuíram para o desenvolvimento da criança. De seu ponto de vista, a Psicologia da criança contribuiu muito mais para a Psicologia geral do que recebeu dela (Wallon, 2007). A Psicologia da criança foi ferramenta fundamental para a afirmação social da Psicologia como campo de saber. O contato entre infância e Psicologia tem ocorrido sob múltiplas formas ao longo da história. Ao pensar sobre essa relação, alude-se imediatamente à dimensão de conhecimentos especializados, formas de intervenção, espaços institucionais, aparatos de pesquisa, busca de solução de problemas, reconhecimento público do saber e da prática da Psicologia como competentes para tratar da infância, sempre remetendo a criança como objeto de estudo dos psicólogos. O profissional de Psicologia conseguiu, ao longo de seu percurso, figurar no rol dos detentores de conhecimento sobre a criança e o adolescente, lugar no qual já se encontravam, por exemplo, o padre, o professor e o médico.

Os psicólogos dedicaram-se à infância em laboratórios, escolas, clínicas, consultórios, na assistência social, na justiça e em outras áreas, públicas e privadas, de atenção. Em todos esses espaços pode-se afirmar que os psicólogos não praticaram "a Psicologia da criança", pois não existe uma só Psicologia, mas Psicologias produzidas em seus vários campos. Da mesma forma não houve apenas uma infância para a Psicologia, mas diferentes infâncias construídas socialmente, que foram postas diante do e pelo saber psicológico: a infância idealizada, a infância estudante, a infância deficiente ou anormal, a infância assistida pelo Estado, pela filantropia, a infância das pesquisas científicas. Esses caminhos da infância levaram a inúmeras formulações da Psicologia sobre a vida das pessoas ao longo da história.

No Brasil o surgimento do campo psicológico voltado para a infância encontrou lugar, entre outros, na medicina e na educação. Em relação à primeira, a ligação entre Psicologia e infância pode ser registrada na produção científica de algumas teses de doutoramento de médicos formados pela Faculdade de Medicina do Rio de Janeiro, a partir de 1830. A Psicologia também adquiriu estatuto privilegiado de saber sobre a infância na área da educação. Nesse campo, o chamado movimento da Escola Nova, que promoveu profundas reformas na educação a partir dos anos 30 do século passado, teve a Psicologia como ciência fundamental para as inovações que faria chegar à escola através de suas diretrizes políticas e metodológicas.

Portanto, a "Psicologia que lida com o infantil" não só não é única, como a infância é "sócia fundadora" do projeto autônomo de cientificidade do saber psicológico. Vista dessa maneira, a pesquisa sobre a infância teve importância de destaque no processo de diferenciação do discurso da Psicologia em relação aos da filosofia, pedagogia, medicina e outros. Desse modo, a infância é colocada como algo distinto de um mero objeto para o conhecimento psicológico, ela é força constitutiva do psicológico, ao lado de outros elementos. E se foi fundamental na delimitação do campo de saber específico na passagem do século XIX para o século XX, é novamente imprescindível no projeto de inserção política dos psicólogos na realidade social do Brasil atual.

Nesse ponto, a criança inscrita nas instituições por ações governamentais e de natureza privada, das práticas especializadas e das iniciativas políticas passa a ser aliada dos psicólogos em seu processo de mudança da postura profissional. O campo da assistência social surge como lócus privilegiado para analisar o percurso dos psicólogos em direção à realidade mais ampla, pois é nele que a questão social da infância assume forma mais nítida e os chamados direitos da infância, principal construção política para enfrentamento dessa questão, testa sua aplicabilidade e seu (possível) poder de transformação de modo mais desafiador. A narrativa em curso consiste na descrição da relação dos psicólogos com os direitos da infância no campo da política assistencial brasileira e de como essa relação foi absorvida no âmbito da regulação profissional.

Na trajetória realizada será apresentado como a infância foi adquirindo lugar nas ações dos Conselhos de Psicologia a partir do ideal da defesa de direitos, permitindo que a entidade adentrasse o campo de luta política daquele segmento, ao passo que mantém a infância como lócus especial das práticas psicológicas no âmbito das intervenções em serviços profissionais. Nesse ponto uma questão crucial toma lugar na discussão: que potência de luta social tem a categoria dos psicólogos no campo da infância? O que almejam esses profissionais com a incorporação da defesa dos direitos da criança e do adolescente? Pode haver conflito entre as ambições profissionais e as ambições da luta social da infância? Que contribuição política pode gerar a profissão em relação aos problemas da infância? Essas questões levantam aspectos fundamentais que serão explorados ao longo do texto, como o questionamento político dos direitos da infância no mundo contemporâneo, a inserção desses direitos no campo da assistência, a trajetória da Psicologia na assistência à infância, a institucionalização da profissão e o conflito entre prioridades corporativas e prioridades das lutas sociais, entre outros.

Nesse sentido, as narrativas históricas sobre direitos da infância no período das Guerras na Europa, assistência à infância no Brasil moderno da década de 1930 até a redemocratização nacional, institucionalização da profissão na década de 1960 até a realização do V Congresso Nacional de Psicologia em 2004 serão as trilhas percorridas para se produzir o debate sobre a relação entre Psicologia e realidade social, esse outro momento da história profissional, uma história recente, sobretudo.

O estudo que ora se apresenta foi baseado na tese de doutoramento *Mostruário de discursos profissionais sobre Psicologia e Direitos da Infância* (2007), de mesmo autor, produzida no Programa de Pós-Graduação em Psicologia Social do Instituto de Psicologia da Universidade do Estado do Rio de Janeiro. A tese foi orientada pela professora Ana Maria Jacó-Vilela e recebeu apoio da Coordenação de Aperfeiçoamento de Pessoal de Nível Superior (CAPES) e da Universidade Federal de Sergipe. O objetivo do livro é narrar um percurso histórico da relação entre Psicologia e direitos da infância no Brasil, de 1930 até 2004, focado no campo da política assistencial da infância e nas ações dos Conselhos de Psicologia. Mais especificamente, pretende-se debater a busca de mudança na atuação da profissão, na direção de uma prática mais política; apreciar as repercussões políticas da conjuntura nacional no âmbito das práticas psicológicas na assistência à infância; destacar a produção dos Congressos Nacionais de Psicologia como mostra dos desafios vividos pela profissão na busca de mudança na atuação; e contribuir para o debate sobre o sentido de política almejado pela profissão através das questões da assistência à infância.

Para este estudo, foram executados os procedimentos de pesquisa bibliográfica e pesquisa documental. A pesquisa bibliográfica compreendeu a busca e o uso de livros, artigos de revistas, teses e monografia de especialização que pudessem fornecer dados para a composição da narrativa. Como se trata de um tema recente e com poucas referências consolidadas, cabe registrar a dificuldade de obtenção de material para a execução da proposta. Entretanto, não se pode esquecer que pesquisa bibliográfica não deixa de ser também pesquisa documental. O uso de documentos propriamente dito foi feito para tratar da história recente dos Conselhos de Psicologia, mais especificamente a respeito dos Congressos

Nacionais de Psicologia. Para a obtenção desse material, é importante laurear a colaboração do Conselho Federal de Psicologia, por ceder prontamente os documentos para a pesquisa. Tal apoio tornou esse procedimento muito mais fácil que o anterior. É fundamental ainda registrar o acolhimento pelo Núcleo Clio Psyché de Estudo e Pesquisa em História da Psicologia, tornando acessível boa parte da bibliografia usada nesse estudo, acervo e arquivos preciosos sem os quais a investigação não poderia se realizar haja vista o tamanho das dificuldades encontradas.

A primeira parte deste estudo, portanto, trata das condições de surgimento da relação dos psicólogos brasileiros com os direitos da infância. Inicia-se com o aparecimento dos direitos internacionais da infância na Europa atingida pelas Guerras Mundiais na primeira metade do século, e das consequências desses eventos para a defesa dos direitos da infância. Não se trata, nesse ponto, de marcar uma origem do processo descrito, mas de reconhecer que tais acontecimentos atravessam de modo significativo o campo de lutas sociais internacionais e nacionais da infância, desenhando um quadro no qual a Psicologia se insere. Nesse sentido, é em relação a esse quadro que se pode pensar as questões da infância no contemporâneo e também os interesses corporativos da profissão ao aderir a essas lutas.

Na sequência, o estudo aborda o processo de modernização do Brasil na Era Vargas, identificando nesse período dois aspectos fundamentais na ulterior consecução da relação entre Psicologia e direitos da infância: o engendramento dos mecanismos corporativos de regulação do trabalho profissional e a criação da política assistencial para a infância centrada nas ações do poder público, na qual o saber da Psicologia começa a buscar e/ou encontrar lugar.

Na seção seguinte, são abordados os temas da profissionalização da Psicologia e da prática do psicólogo na assistência à infância. Primeiro essa análise foca a inserção da Psicologia na Política Nacional de Bem-Estar do Menor, que vigorou no período da ditadura militar e foi concomitante às primeiras providências de regulação profissional posteriores ao reconhecimento da profissão. É sabido que o processo de institucionalização das entidades de Psicologia, após sua regulamentação pelo Estado, se deu ao longo do período da repressão e ocorreu no mesmo momento em que foi implantada aquela política assistencial da infância. O enfoque sobre esse período é importante porque, por mais embrionária que fosse a inserção profissional da Psicologia nesse campo, esse contato já trazia as bases não só de um tipo de atuação que se mantinha alheia às questões institucionais da ocasião, como também do rol de contestação política a que os psicólogos iriam aderir.

Posteriormente, a crítica da atuação profissional ocorrida durante as mobilizações pela redemocratização nacional e pelo Estatuto da Criança e do Adolescente (ECA) passam ao centro da exposição. Sobre esses aspectos, cabe destacar a importância da incorporação de uma perspectiva de intervenção institucional pelos profissionais (e pelas entidades), para além das práticas assistenciais, como caminho de construção de um discurso crítico da realidade da categoria e da sociedade. Nesse percurso são feitas algumas ponderações sobre a inserção das questões da infância no âmbito dos Conselhos de Psicologia, por diferentes modos de intervenção dessas entidades, com práticas anteriores, paralelas ou derivadas dos Congressos de Psicologia.

A terceira parte deste estudo perfaz uma exposição sobre os Congressos Nacionais de Psicologia, tratando da apresentação do funcionamento desses eventos, do percurso histórico da realização dos cinco primeiros congressos, ocorridos no período de 1994 a 2004, e do registro da produção desses eventos no que diz respeito ao tema da Psicologia e da assistência à infância, através das deliberações e de parte das teses propostas que tratam do tema. O conjunto de dados apresentados objetiva, sobretudo, apresentar uma diversidade de ideias, prioridades, interesses, discursos sobre práticas profissionais, valores e decisões, compondo o que seria uma espécie de mostruário de discursos políticos por meio das teses e das deliberações dos congressos. É diante desse mostrar que se tem uma ideia dos desafios a serem enfrentados na profissão e pela profissão.

Por último, são feitas algumas considerações com base na narrativa, dando ênfase aos aspectos políticos envolvidos em cada etapa da exposição. Cabe advertir que o leitor não encontrará nestas páginas uma apreciação conclusiva sobre conquistas e problemas da profissão em seu contato com a realidade social, vista pelo âmbito da assistência à infância. Talvez, a principal função desta narrativa que desemboca num mostruário de discursos seja, por um lado, evidenciar que o contato da Psicologia com a realidade social já gera frutos e que esses frutos devem ser postos à prova, dado o acúmulo de experiências que se apresenta nos dias de hoje; e, por outro, mostrar que a história da Psicologia no Brasil tem se espalhado, pulverizado e está intrincada com os vários problemas que se apresentam nessa realidade. Logo, sem a relação estreita com os problemas que assolam a população, tal história seria impossível.

# 2

Condições históricas da relação entre psicologia e direitos da infância

Um dos aspectos importantes do enlace entre Psicologia e direitos da infância é deixar evidente que o próprio contato da Psicologia com a infância vai mais além do âmbito epistemológico e da afirmação de competência técnica. A aproximação de psicólogos à defesa de direitos infanto-juvenis ocorre em meio a efervescentes acontecimentos históricos, cuja extensão transcende tanto questões psicológicas como as relacionadas à infância. Considerar as condições históricas é, portanto, fundamental para a compreensão do tema.

Nesse sentido, é possível assinalar alguns aspectos relevantes do século passado, século em que os direitos internacionais da infância tornaram-se uma nova base societária de relação cultural com a infância: a comunidade internacional dos países, após as Grandes Guerras, lançou mão de elaborados recursos normativos para atender necessidades da infância mediante a implementação de um sistema jurídico-institucional supranacional; os movimentos sociais de defesa da infância ganharam força em vários países reivindicando providências aos governos nacionais e à comunidade internacional para a proteção especial de crianças e adolescentes; os saberes especializados sobre a infância e seus respectivos especialistas multiplicaram-se e afirmaram-se principalmente sob a égide de um discurso científico e profissionalizado;

e as entidades de classe das profissões foram incorporando pouco a pouco a defesa de direitos humanos como pauta de suas ações corporativas. A combinação desses aspectos permite entrever que ocorre uma trama de distintos fatores (políticos, sociais, epistemológicos, institucionais etc.) no envolvimento dos psicólogos com os direitos da infância.

Na Europa essa aproximação ocorreu no contexto da Primeira Guerra. Nesse cenário emerge o primeiro contato entre a proteção internacional da infância e o conhecimento psicológico, carreado pela imensa comoção causada pelo poder devastador do conflito, pelas medidas geopolíticas de regulação da relação entre as nações, pelos movimentos sociais de defesa da infância órfã e mutilada pela guerra e pelos movimentos de reforma pedagógica das chamadas pedagogias ativas. Deste último cabe destacar que marca mais claramente a inserção da Psicologia nas mobilizações pelos direitos da infância.

Já no Brasil o envolvimento de psicólogos com os direitos da infância ganhou maior impulso no fim do período da ditadura militar, nos anos 1980. Porém, as condições históricas que propiciaram esse contato são bem anteriores, mais precisamente provêm das mudanças estruturais da chamada Era Vargas. A partir da década de 1930 desencadearam-se as linhas políticas e institucionais que levaram algumas profissões ao encargo de trabalhadores sociais, cumprindo um papel bem específico no projeto de modernização nacional daí em diante. Essas linhas estruturaram, por um lado, o controle da relação capital-trabalho, tornando o Estado elemento central na sociedade produtiva; por outro, permitiram a implantação de políticas públicas que garantissem a ordem social perante os segmentos marginalizados. Nesse último, tratou-se, entre outros aspectos, de providenciar a profissionalização da assistência, campo onde ocorreu de modo privilegiado o contato entre psicólogos e infância pobre.

O erro colossal e o espírito de *Emílio*

É possível afirmar que a Primeira Guerra representou um grande choque, pois não era esperado que as mais evoluídas nações se empenhassem tanto no extermínio desmesurado. Tal acontecimento deixou evidente, entre outras coisas, o colapso do mundo nacionalista. Na visão de Susan Sontag, diante da perplexidade causada pelo evento, muito do que se considerava seguro e garantido até então passou a ser visto como frágil e indefensável, pois a incapacidade dos países envolvidos de evitar o conflito, reconhecidamente suicida naquele momento, parecia, para muitos, superar a capacidade das palavras. A guerra, em sua magnitude, foi acalentada como "a guerra para pôr fim a todas as guerras", mas terminou com o reconhecimento, até pelos vencedores, de que fora um "erro colossal" (Sontag, 2003, p. 19-32).

O saldo do conflito dotaria de inéditas proporções o sentido de reconstrução da Europa. O esforço para reerguer o continente está na base do surgimento dos direitos internacionais da infância. A imensa exposição que tal acontecimento proporcionava ultrapassou os frágeis limites das relações políticas do período. Em 1919 foi assinado o Tratado de Versalhes, especialmente concebido como medida reguladora da paz entre os países. Em suas linhas impunha a proteção de crianças vítimas da guerra, o que o tornou o primeiro documento internacional de atenção à infância. Também naquele ano foi criada a Liga das Nações, visando organizar as ações de pacificação. A Liga, também chamada Sociedade das Nações (SDN), tinha como objetivo a arbitragem internacional dos conflitos, do desarmamento e da cooperação internacional nos campos político, econômico e intelectual. O remédio principal aos males da guerra e à ameaça de uma nova ocorrência era a internacionalização das negociações e dos direitos humanos em instâncias supranacionais. Sediada em Genebra, cidade de uma das nações que não havia se envolvido no conflito, a Suíça, a Liga pretendia a construção e/ou o fortalecimento da democracia, da paz e do acordo internacional; Genebra parecia oferecer o ambiente adequado a essas aspirações.

O surgimento da Liga, contudo, não se inspirava em um espírito efetivamente democrático, já que apenas um grupo restrito de participantes tinha o direito de veto: os aliados vitoriosos do confronto mundial. A segurança era, via de regra, o argumento de base para essa condição, alusão direta à tensão de guerra sob a qual se criou o órgão. Os tratados que daí surgiram favoreciam o ponto de vista das nações fortes. Algumas medidas deixavam as arbitrariedades assim implementadas como os tratados que aglutinaram vários territórios e povos num só Estado, que foram chamados de "povos estatais". As contradições da Liga logo tornaram limitadas suas pretensões de ordenamento. Seu poder de influenciar governos estava ligado à correlação de forças entre as nações poderosas, que permaneciam como poderosas na esfera supranacional, e as demais.

Contudo, a Liga teve significativa importância para os direitos da infância. Com seu aval a mobilização pela proteção da criança refugiada tornou-se texto de declaração internacional. A chamada Carta de Genebra de 1923, base da primeira Declaração dos Direitos da Criança em 1924, adquiriu caráter normativo para ações assistenciais voltadas à infância nos vários países filiados à SDN. Para entender o surgimento da Carta é necessário compreender o avanço das inovações pedagógicas, fator estritamente ligado às iniciativas de proteção à infância do período.

Antes da ocorrência da Primeira Guerra, a Europa foi agitada por inovações pedagógicas que propunham uma forma diferenciada de relação entre adultos e crianças, uma vez quereviam as bases de relação mestre e aluno no âmbito da escola. Tratava-se de experiências que recusavam a longa tradição de tomar a infância como incapaz. Novos métodos pedagógicos apareceram em países como França, Espanha, Rússia, Alemanha e Suíça, que tinham em comum, basicamente, a crítica ao chamado ensino oficial que seria, por suas práticas eminentemente subordinadoras, uma reprodução massiva de valores dominantes, julgando a rigidez de métodos de ensino e a excessiva carga punitiva inábil para produzir sujeitos com espírito crítico.

Em Genebra foi criado o Bureau Internacional das Escolas Novas, em 1899, por Adolphe Ferrière (1879-1960), importante defensor da ideia de uma escola mais ativa diante das preocupações da cidade. Por intermédio do Bureau divulgavam-se novas concepções pedagógicas, pautadas na democracia, para diversos países daquele continente. Também em cenário genebrino foi criada, mais tarde, outra iniciativa de grande importância para esse movimento: o Instituto Jean-Jacques Rousseau em 1912. Tendo à frente nomes como o de Éduoard Claparède (1873-1940) e Pierre Bovet (1878-1965), o Instituto tinha como finalidade desenvolver pesquisas em Psicologia da criança e pedagogia e formar professores, partindo da concepção de que Psicologia e ciências da educação deveriam pautar-se em pesquisa e não apenas em aulas ou conferências. A formação desses professores e pesquisadores seria fundamental para a difusão dos ideais democráticos e pacificadores. Os alunos do Instituto eram convidados não somente a participar de pesquisas, mas também a realizar as suas, sob a direção de um professor, dando mostra da pedagogia que queriam difundir. Outro propósito da entidade era desenvolver um centro de informações em favor da reforma escolar e dos direitos da infância. Isso fortalecia a ligação do Instituto com variadas questões da infância e possibilitava a Claparède, por exemplo, várias ações extracientíficas (Vidal, 1998, p. 104-109; Parrat-Dayan, [s.d.], p. 3; Campos, 1999, p. 73-75; Renaut, 2002, p. 283).

A cooperação intelectual, incentivada pela Sociedade das Nações para a difusão dos seus objetivos e para intercâmbios entre educadores, foi um dos instrumentos adotados pela entidade. Tal concepção de educação mobilizava ampla rede institucional muito ativa naquele período. O Instituto foi uma das instituições envolvidas nas mobilizações. A inspiração rousseauniana de Emílio marcava o período de mobilização pela infância atingida pela Primeira Guerra na Europa (o Instituto foi fundado no ano de comemoração do segundo centenário do nascimento de Rousseau). O modo de articulação política do Instituto passava por sua atuação relacionada à cooperação intelectual, às inovações pedagógicas e à democratização das relações que suas produções inspiravam.

Dentre as instituições que se relacionavam com o Instituto, cabe menção à União Internacional de Socorro às Crianças. A União, fundada em 1920, mantinha relações com a Liga das Nações principalmente na função de busca por fundos para o auxílio à infância vítima da guerra. Essa entidade era formada pelas organizações: Save Children Found, de Londres; Comitê Internacional da Cruz Vermelha, de Genebra, e Comitê Suíço de Socorro às Crianças, de Berna. A União já vinha se empenhando em múltiplas ações para a infância, como no congresso que realizou em 1921 com os temas preservação moral da criança, higiene, infância anormal, puericultura e órfãos de guerra. A relação entre União e Liga das Nações foi fundamental para o surgimento dos direitos da infância. Sua fundadora, Eglantyne Jebb (1876-1928), foi redatora da chamada Carta de Genebra, em 1923, texto aprovado na Liga das Nações, em 1924, como primeira Declaração dos Direitos da Infância.

Os princípios da Declaração dos Direitos da Infância, firmados a partir da Carta de Genebra, estabeleciam que:

> Pela presente Declaração, os homens e mulheres de todos os países reconhecem que a Humanidade deve dar à criança o que ela tem de melhor; afirmam seus deveres independente de raça, nacionalidade e credo: I. Toda criança deve ser posta em condições de se desenvolver de maneira normal, material e espiritualmente. II. Toda criança com

fome deve ser alimentada; enferma deve ser tratada; retardada deve ser animada; desmoralizada deve ser trazida ao bom caminho; órfã e abandonada deve ser recolhida e socorrida. III. Toda criança deve ser a primeira a receber socorro em tempo de miséria. IV. Toda criança deve ser educada de maneira a poder ganhar a sua vida e ser protegida contra a exploração. V. Toda criança deve ser educada na ideia de que as suas melhores qualidades devem ser postas ao dispor dos irmãos. (Campos, 1999, p. 68)

Essa realização histórica, a Declaração de 1924, ampliou institucionalmente o escopo das preocupações com a infância, ou melhor, internacionalizou seus horizontes. A Declaração, por sua vez, não foi adotada imediatamente. Críticas e impugnações, por mais que não desacreditassem a necessidade de atenção e proteção da infância, apontavam alguns obstáculos. Ora foi apontada a omissão relativa aos deveres da infância, pois a Carta seria somente de direitos, ora surgia a acusação, em sentido inverso, de que a Carta não tratava de direitos, restringindo-se a uma pequena série de deveres de proteção e deveres morais. A Carta de 1924 deixaria para a infância a recorrência de "insolúveis" conflitos jurídicos até hoje. No âmbito das relações internacionais restava a questão: o que significava criar direitos internacionais para a infância? Em que medida seria possível inserir a infância na condição internacional de portadora de direitos?

Tais questões não pareceram problemáticas à primeira vista para a Psicologia. Ao contrário, a ideia de direitos da infância daquele momento teria, para muitos, o conhecimento psicológico devidamente harmonizado em seu *corpus*. Tanto Claparède como Piaget (diretor do Instituto Rousseau de 1921 a 1932), por exemplo, entendiam que a Psicologia da Criança deveria estar na base dos direitos da criança. Tal relação seria, portanto, evidente em si mesma, e estaria, por que não, a serviço dos grandes planos reformadores como o da Europa arrasada com a guerra. Contudo, o que tornou-se menos evidente foram as condições históricas vividas em torno deles, impressão dada pela publicação da psiquiatra e psicanalista americana Margareth Ribble.

O livro *Os direitos da criança: as necessidades psicológicas iniciais e sua satisfação*, de autoria de Ribble, publicado em 1943, tem o objetivo de abordar as sensações do bebê, as reações emocionais e a direção inicial do relacionamento entre mãe e filho. Sua preocupação era transmitir um tipo de conhecimento cuja falta tornaria "a função materna qual a de uma enfermeira" (Ribble, 1975, p. 2). Para a psicanalista, seguidora de Anna Freud, a compreensão das necessidades emocionais do bebê e de seu amadurecimento psicológico seriam o caminho ideal e a prevenção para os desvios que, quando não observados inicialmente, só com mais dificuldade seriam removidos na adolescência. Temas como respiração, sucção, sono, higiene, horários, pensamento e emoção, entre outros foram tratados ao longo da publicação que consiste em um estudo observacional bem ao estilo dos manuais de Psicologia da infância.

Não encontramos uma definição clara acerca do que Ribble designou direitos da criança, da mesma forma que não localizamos explicações sobre o porquê do uso do termo em seu texto. Ao longo da apresentação de seus temas, poucas vezes encontramos o termo "direitos" mencionado. Afora o nome da publicação, o termo aparece no título do primeiro capítulo *"O direito a ter mãe"* e em outro capítulo que começa com a afirmação: "os *direitos do bebê* à orientação do desenvolvimento de sua vida emocional". O principal aspecto do livro de Ribble é mostrar uma ideia psicologizada dos direitos da criança, na qual bastariam cuidados psicológicos para que se realizassem esses direitos. Não há menção ao contexto beligerante da Segunda Guerra, mas é possível supor que a preocupação com o bebê decorra dos inspiradores ideais de proteção à infância da Carta de Genebra. Há uma infância a ser protegida com cuidados psicológicos e esses cuidados são eminentemente direitos. Portanto, não haveria menção à dimensão sociopolítica desses direitos já que seu reconhecimento é, sobretudo, natural. Das preocupações com a Psicologia da infância manifestada pelas ideias dos pesquisadores genebrinos, cujas ambições envolviam grandes projetos, como o da pacificação política da Europa através de seus experimentos pedagógicos, vê-se, por outro lado, que a relação entre Psicologia e direitos da infância comportaria elaborações cujo caráter político estaria dissimulado ou mesmo ausente, como no caso particular dessa obra em que a articulação foi feita em função, sobretudo, de preocupações puericultoras.

Passado o conflito da Segunda Guerra, foram retomados os esforços de institucionalização política da esfera supranacional. Agora, entretanto, uma postura mais incisiva orientava as ações desencadeadas no âmbito das relações internacionais. Em 1945, ocorre a fundação da Organização das Nações Unidas (ONU) e, a partir disso, a criação de distintos órgãos auxiliares destinados a produzir maior efeito de controle sobre os governos nacionais e os povos. Esse direcionamento passou também pela redação da Declaração Universal dos Direitos do Homem, oficializada em 1948, documento que abordou dois aspectos importantes: a conjugação direitos de liberdade e direitos sociais em um único texto de direitos humanos e o estatuto de ferramenta jurídica capaz de pressionar formalmente os Estados nacionais.

No campo da infância houve a criação do Fundo das Nações Unidas para a Infância, o UNICEF, em 1946, órgão que marcaria as pretensões supranacionais mais incisivas. Essa agência se instalaria por diversas nações orientando ações assistenciais em vários países incluindo o Brasil. Quanto às providências no plano jurídico, a ONU elaborou uma nova declaração de direitos: a Declaração Universal dos Direitos da Criança, aprovada em 1959. Nela foi inserida a inovadora caracterização de "sujeito de direitos" para a infância, que traria uma ampliação do escopo dos direitos infantojuvenis. Essa ampliação da proteção se daria com diferentes tipos de direitos, inspirando-se na tentativa de conciliação de direitos de liberdade e direitos sociais da Declaração de 1948. Essas inovações deram forma ao que se designa novos direitos da infância e caracterizou sua base doutrinária na chamada Proteção Integral. A Proteção Integral abarcaria para a infância todas as modalidades de direitos humanos e agregaria à sua cobertura, como quesito de uma postura mais incisiva como tratado supranacional, a ideia de "prioridade política absoluta", visando com isso efetividade na proteção, enfatizando a promoção dos direitos, o combate à exploração e ao abuso sexual. Assim se estruturou o que se designa novos direitos da infância.

Dotar a infância da condição de sujeito de direitos implica, sobretudo, problematizar o próprio estatuto do "infantil". O sujeito de direitos seria, a rigor, o sujeito da autonomia, atributo próprio daquele que responde por seus atos e que tem, nesse ponto, sua responsabilidade jurídica na vida social. A criança, tradicionalmente concebida como desprovida dessa qualidade, se encontraria em uma condição especial: por não responder "ainda" (questão de sua alteridade meramente temporal) por seus atos, não seria "ainda" um sujeito livre. Esse diferencial da autonomia da infância possui raízes em Kant e na concepção de menoridade, que seria a incapacidade de fazer uso de seu próprio entendimento sem a direção de outro indivíduo. A menoridade seria condição problemática à autonomia e, portanto, à liberdade do sujeito de direitos em geral. Tal é a condição que os novos direitos pretenderiam modificar, pois para além de proteção a criança necessitaria também de reconhecimento como sujeito de direitos especiais. A extensão dos problemas que se colocam entre velhos e novos direitos escapam ao escopo destas linhas, mas sabe-se que os conflitos dessas concepções permanecem na atualidade.

Um sério problema de efetividade recaiu sobre a Carta de 1959: a falta de força jurídica da Declaração, dificuldade geral dos tratados de direitos humanos. O interesse principal era acarretar providências legais e sociais nas nações signatárias. Se no entreguerras as inovações pedagógicas deram a direção para a internacionalização dos direitos da infância, no segundo pós-guerra o problema do peso jurídico dos documentos norteou o percurso dos atores sociais em ações supranacionais. Na celebração dos vinte anos da Declaração de 1959, a ONU declarou Ano Internacional da Criança, aprovando a criação de uma comissão para a elaboração de uma convenção internacional, já que convenção é o tipo de documento diplomático que implica efeitos jurídicos. Buscava-se desse modo consolidar sua estrutura de pressão ostensiva sobre as ações no campo da infância.

A Comissão para a Convenção enfrentou em seu trabalho problemas diversos como o da delimitação de faixa etária, das diretrizes da adoção, do papel da criança na família e na sociedade e outros. As dificuldades para se chegar a acordos não foram dirimidas, mesmo quando se redigiu o texto final. A Convenção sobre os Direitos da Criança foi aprovada pela ONU em 20 de novembro de 1989. Foi aberta a assinaturas em 26 de janeiro de 1990, tendo vinte assinaturas de ratificação. O Brasil ratificou-a em 24 de setembro de 1990. Dentre os problemas para sua validação, a França o fez em 2 de julho de 1990 com reservas ao artigo 30, que trata do direito à cultura, à religião e ao idioma de minorias étnicas, religiosas e linguísticas nos Estados-parte. A Suíça – berço da Declaração de 1924 – só ratificou a Convenção em 1997, pois sua Constituição, que prevê a separação de pais e filhos no caso de seus inúmeros trabalhadores sazonais, ia de encontro ao disposto no artigo 9º da Convenção sobre esforços nacionais para a não separação entre a criança e seus pais (Alves, 2003, p. 60; Théry, 2007, p. 137; Renaut, 2002, p. 282-286).

Contudo, o principal intento com a Convenção foi alcançado. Ela funciona como instrumento de pressão jurídica sobre os países signatários. Uma vez comprometidos com o documento, providências legais e assistenciais devem ser tomadas pelos governos, pois passam a sofrer regulação da comunidade internacional. Portanto, é possível pensar em uma função desempenhada pelos direitos da infância na ordem mundial das relações internacionais: ferramenta de pressão coercitiva da esfera supranacional frente aos governos nacionais. A promulgação do Estatuto da Criança e do Adolescente no Brasil em 1990 está inserida nessa lógica. Mas isso em si não é suficiente. As condições políticas vividas nos países definem o curso dessa lógica e as realidades nacionais reagem ao processo instituído pelos órgãos multilaterais. É importante, então, conhecer a trajetória dos direitos da infância no país e localizar nela a participação da Psicologia e de seus operadores.

Institucionalização das profissões e da infância

Enquanto a Europa estava em processo de reconstrução do continente pelo flagelo das tensões nacionalistas, o Brasil da década de 1930 mergulhava em um amplo processo de mudanças estruturais, cujo caráter cultural mais acentuado historicamente foi o de modernização calcado na construção de uma identidade nacional, implantando severas modificações no setor produtivo e na organização do poder público. Dois aspectos desse processo serão observados para atender ao debate sobre a relação entre Psicologia e direitos da infância no país: a institucionalização profissional corporativista, por um lado, e o enfoque científico dado à assistência à infância, por outro. Falar em modernização impõe, inicialmente, apontar o quadro sobre o qual ela operou profundas transformações.

Após os anos 30 do século passado, conforme descreve Santos (1994), a conjuntura econômica e social problemática da República Velha passaria a ser alvo de ações políticas que visavam alterar: o excesso de favorecimento econômico ao setor cafeeiro, os efeitos severos de crises econômicas do mercado externo principalmente em decorrência da guerra, as dificuldades no crescimento industrial pela "estreiteza de vistas da elite decisória", os intensos movimentos populacionais imigratórios ligados ao crescimento populacional – migrações internas (Norte, Nordeste e Distrito Federal) e migração internacional (para a região Sul e São Paulo) –, o crescimento da capacidade de mobilização e de formulação de demandas pelo movimento sindical da época. O movimento sindical vigente, apesar da aparência *laissez-faireana* da política nacional do início do século "permitindo" uma lei de sindicalização em 1907, sofria repressão do poder público em razão do crescimento de associações de trabalhadores e do número de greves, com geração intensa de demandas sociais na cena urbana. Diante disso, impasses na esfera dos processos de acumulação e de repressão à organização dos trabalhadores surgiram como condições propícias ao ideário de intervenção estatal na vida econômica e social, tal como pregava (e posteriormente faria) Getúlio Vargas (Santos, 1994, p. 64-66).

As linhas políticas das transformações implementadas pelo chamado "Estado Getulista" (1930 até 1945) anunciavam a passagem de um modelo produtivo agrícola para outro baseado na indústria, cujo desenvolvimento ocorreria com ação direta do Estado na esfera econômica e na ordem social, tendo a regulamentação do processo de acumulação como ponto central. O esquema propagandístico divulgava que o desenvolvimento nacional dependia de um Estado forte, exaltava o civismo e consolidava o populismo focado na figura do presidente. Com a instauração da ditadura Vargas no chamado Estado Novo, em 1937, a ação estatal estabeleceu a supressão de direitos de liberdade (civis e políticos), com fim do Poder Legislativo e de partidos políticos, e se voltou para a implementação de uma ampla plataforma de direitos sociais, baseada na regulamentação de direitos trabalhistas, previdenciários e sindicais.

Em relação ao trabalho tendo em vista algumas medidas tomadas anteriormente neste setor, como a criação do Ministério do Trabalho em 1930, o período varguista deu à luz lei de férias, segurança e higiene no trabalho, Justiça do Trabalho e Consolidação das Leis Trabalhistas (CLT) em 1943. Na área da previdência, acrescentam-se algumas mudanças, com a multiplicação das Caixas de Aposentadorias e Pensões (CAP's), a criação de instituto de previdência para servidores do Estado e de um cadastro de admissões e demissões de empregados, que serviria como um tipo de assistência ao desempregado. No que tange à política sindical, promoveu-se a organização dos trabalhadores, formalizando a subordinação ao governo, que passaria a regular diretamente as ações corporativas. A representação sindical altamente controlada pelo Estado se deu de tal modo que fez prevalecer os interesses governamentais sobre as demandas dos trabalhadores (Fausto, 2006, p. 206).

Esse conjunto de medidas no campo do trabalho contemplou ainda um sistema de estratificação ocupacional definido por norma legal que incidia diretamente sobre o modo de cidadania vigente. Para Santos, o direcionamento político do Governo Vargas reconhecia como cidadãos todos aqueles membros da comunidade que se encontravam em ocupações reconhecidas e definidas em lei. A regulamentação de profissões e a ampliação pelo Estado dos direitos a elas associados serviram de base para a regulação da própria cidadania, pois para o autor: "a cidadania está embutida na profissão e os direitos do cidadão restringem-se aos direitos do lugar que ocupa no processo produtivo, tal como reconhecido por lei" (Santos, 1994, p. 68).

Direitos do cidadão e direitos das profissões foram amalgamados, fixando a fronteira entre a cidadania e a marginalização pela regulamentação profissional. A prática da regulamentação das profissões como "batismo cívico" permaneceu como ingresso na cidadania em períodos posteriores aos governos de Vargas (1930-1945 e 1951-1954). Alguns autores frisam que esse processo levou a uma acirrada procura por regulamentação em várias das ocupações do mercado de trabalho (Santos, 1994; Coelho, 1999). A regulamentação profissional passava por uma institucionalização das ocupações que postulava os conselhos profissionais como entidades fundamentais desse processo.

A Constituição de 1934 determinava que o exercício profissional estaria subordinado à regulamentação e às condições de capacidade estabelecidas pela União. O Estado Novo implantou a exigência de registro para exercício profissional, quesito que passaria à competência dos conselhos profissionais. A definição das condições de capacidade, ou seja, as exigências de preparação implicavam na regulação do processo de formação pelo Estado, principalmente no controle da concessão de diplomas. Nesse sentido, a regulação profissional pressupunha também o desenvolvimento técnico, o aprimoramento e a circulação do conhecimento científico, aspectos que, de maneira geral, balizavam o processo de modernização nacional.

A Psicologia nesse período já contava com significativa propagação de seus conhecimentos e com sua incorporação em variadas intervenções das diversas esferas do desenvolvimento industrial. Tendo em vista a preparação de um novo operariado, já havia circulação de saberes psicológicos no campo da medicina, da educação, da religião, das ciências sociais, do direito e da filosofia suficientes para que se pudesse falar de uma certa psicologização na sociedade brasileira dos anos 1940. Conforme Duarte: "o processo de psicologização se dá por numerosas vias, enraizadas nos processos mais amplos de transformação social a que se dá habitualmente o nome de 'modernização'" (Duarte, 2005, p. 179). Contudo, uma institucionalização mais vigorosa da Psicologia profissionalizante só seria sentida a partir dos anos 1950 com a criação de institutos e de cursos de formação, e sua institucionalização no molde da regulação profissional só ocorreria mais tarde, na década de 1960.

O período Vargas vai ser responsável também pela cientifização e profissionalização da assistência social. As mudanças daquele período também atingiriam o tratamento dos desvalidos e delinquentes, com larga difusão de conhecimento psicológico nesse campo. Esses saberes seriam operados por atores diversos, como médicos, juristas, educadores e assistentes sociais. Porém, a modernização da assistência implicava, sobretudo, na instauração de uma política pública de assistência social como jamais fora feito antes.

Com o surgimento da Legião Brasileira de Assistência (LBA) em 1942 cria-se a primeira instituição pública federal de assistência social. Caracterizada como órgão de cooperação do Estado, tinha como objetivo a ampla prestação de serviços assistenciais de forma direta ou em colaboração com entidades especializadas. Conforme aponta Bulcão (2006), a assistência social foi encarregada de uma dupla função: conter conflitos da ordem social e dar respostas ao processo de miserabilidade em curso. A distribuição de benefícios organizada pelo poder público tinha o propósito de minimizar as severas tensões sociais que ameaçavam o ordenamento social. Com a feição de Estado operário, mas com franco favorecimento ao empresariado burguês, o governo Vargas incumbiu à assistência o papel de amortecedor de conflitos, por meio da ação profissionalizada e embasada cientificamente, para que funcionassem junto às classes desfavorecidas o controle e a centralização de serviços pretendida pelo poder dirigente.

Em relação à infância, as ações do Estado pautaram-se pela proteção da criança para o florescimento do adulto sadio, disciplinado e racional ambicionado. O cultivo dos pequenos visando o futuro trabalhador industrial urbano conduzia a ações cujos alvos seriam a família e a educação, além das medidas já apontadas no campo do trabalho. Para a família, base fundamental da sociedade, foi implantado um amplo conjunto de ações envolvendo serviços de saúde e proteção à maternidade, regulação de casamentos e de pensões, criação de incentivos à procriação e outras medidas. Na educação as providências também foram amplas passando pela criação do Ministério da Educação e Saúde Pública, reforma do sistema de ensino e melhoria das condições didático-pedagógicas, com fortalecimento e uso do ideário das escolas ativas. Porém, ficou marcada nesse período a implantação de um sistema bifurcado de ensino, a partir de 1942, no qual a educação secundária das elites se diferenciava da educação profissionalizante das classes populares.

A assistência à infância foi provida de ampla institucionalização de ações do Estado e pelo Estado. Nesse sentido, a criação do Departamento Nacional da Criança (DNCr) e do Serviço de Assistência ao Menor (SAM) exemplificam esse aspecto, pois marcou a política de assistência aos pequenos na ocasião. No Ministério da Educação e Saúde Pública foi criado o Departamento Nacional da Criança, em 1940, como medida que visava a criação de uma política de proteção materno-infantil. O departamento era responsável por investigar o problema social da infância, da juventude e da maternidade, promover a cooperação entre as esferas federal e estaduais e entre Estado e instituições privadas na proteção à maternidade e à infância, difundir conhecimentos sobre cuidados materno-infantis e fiscalizar a realização dessas atividades em todo o país.

O DNCr tinha forte inclinação médica e pedagógica, predominando os conhecimentos da puericultura. Foi espaço fundamental para a consolidação do saber da pediatria no serviço público brasileiro. Alimentava o ideário de que o bem-estar orgânico está ligado ao bem-estar moral e que o Estado deveria garantir o desenvolvimento saudável da criança. Sua atuação política recaía sobre a escola e a família. A estabilidade da família era a finalidade primordial do departamento, pois nele se privilegiavam ações sobre a figura da mãe, vista como responsável pelos cuidados e pela educação moral dos filhos. Se houvesse falha nesse processo a criança deveria ser afastada de seu ambiente de origem e encaminhada para os cuidados do Estado, situação na qual entrava em cena o SAM com suas instituições tutelares (Bulcão, 2006, p. 93-118).

A Psicologia formalizou-se no departamento com a criação de um serviço psicológico para a orientação de jovens, o Centro de Orientação de Jovens (COJ), em 1946. A prática de orientação calcava-se na busca de recursos comunitários para auxiliar na intervenção sobre a criança desajustada. Coube à Helena Antipoff (1892-1974) a elaboração, o planejamento da estrutura e do funcionamento e a direção do serviço entre os anos de 1946 e 1949. O trabalho no COJ pautava-se na atuação em equipe, reunindo para isso médicos, psicólogos e assistentes sociais nos procedimentos de diagnóstico e orientação. Atendia inicialmente o público jovem de doze a dezoito anos e posteriormente passou a atender também menores de doze anos, à medida que investia cada vez mais nas ideias de prevenção da doença mental.

Antipoff imprimiria ao serviço seus conhecimentos de valorização da criança, trazidos do movimento europeu da escola ativa. Ela veio para o Brasil em 1929, após aceitar o convite do governo do estado de Minas Gerais, para desenvolver um trabalho na área de educação infantil. A constatação da miséria e do abandono de uma parcela da infância de Belo Horizonte dos anos de 1930 a mobilizou. Suas ações educacionais e assistenciais tinham como referência a Declaração de Genebra. A preocupação que demonstrava com o "desequilíbrio social" evidenciava a marca que sua formação no Instituto Jean-Jacques Rousseau deixou em sua biografia. Helena foi assistente de Claparède no Instituto em 1926. Sua preocupação com a infância era marcada pelos horrores que presenciou na Primeira Guerra e na Revolução de Outubro na Rússia, onde trabalhou nas estações médico-pedagógicas como psicóloga observadora e atuou na reeducação das crianças que perderam a família.

Helena Antipoff, entre outros feitos, criou a Sociedade Pestalozzi da capital mineira em 1932 – voltada para o cuidado de crianças excepcionais e para a assessoria de professores de classes especiais –, e instalou, em 1940, a Escola Fazenda do Rosário, em Ibirité (MG), propriedade rural dedicada à educação de excepcionais e abandonados, adotando métodos educacionais centrados na atividade espontânea da criança. Relacionava a orientação profissional para adolescentes ao respeito aos direitos da criança. O início da relação entre Psicologia e direitos internacionais da infância no Brasil teve grande impulso com a ação dos pesquisadores do Instituto que passaram pelo país desde a década de 1920. Entre eles, o próprio Claparède e, seguramente, Helena Antipoff (Campos, 1999, p. 70-88; Carneiro; Jacó-Vilela; Messias, 2007).

O emprego dos testes psicológicos marcou a prática de orientação e de diagnóstico do COJ. Os psicólogos atuavam no uso e na interpretação dos resultados e eminentemente lidavam com jovens e seus familiares encaminhados por desajuste de comportamento, de rendimento escolar, problemas familiares e sociais. Contudo, a prática da psicoterapia foi ganhando espaço na entidade ao lado das ações de orientação. O Centro figura entre as primeiras instituições públicas de Psicologia clínica no país. Sob direção de Elisa Dias Velloso, no período de 1949 e 1967, a psicoterapia recebeu sensível impulso no COJ, sendo definitivamente incorporada ao rol das atividades oferecidas pelo serviço. Ex-aluna de Helena Antipoff e com formação clínica em diferentes institutos internacionais, Velloso fazia atendimento, dava treinamento e supervisão clínica de casos atendidos no COJ. Posteriormente, em 1975, traduziu para o português o já mencionado livro de Margareth Ribble.

A ditadura militar foi responsável pelo esvaziamento das atribuições do Departamento Nacional da Criança, extinto em 1970.

O COJ, por sua vez, foi alocado em 1971 no Instituto Fernandes Figueira da Fundação Oswaldo Cruz. Funciona até hoje, porém sua atuação foi adquirindo novo perfil uma vez que passou a privilegiar, ao lado da assistência clínica infantojuvenil, práticas de Psicologia médica e hospitalar (Bulcão, 2006; Carneiro, Jacó-Vilela & Messias, 2007).

O Serviço de Assistência ao Menor, criado em 1941, encarregava-se daqueles cuja família não correspondia ao ideal puericultor delineado. Os abandonados e delinquentes, parcela da infância destinada em geral às instituições, recebiam, entretanto, tratamento tutelar do Estado já implantado desde a República Velha, com a criação do Juízo de Menores (em 1924), do Primeiro Código de Menores (em 1927) e dos abrigos oficiais que ficavam ao encargo da polícia, criados nos primeiros anos do século XX. A finalidade do serviço, por sua vez, era a de sistematizar e orientar a assistência aos "autênticos" desvalidos e aos pequenos criminosos.

Dentre os objetivos do SAM, cabia à entidade fazer investigação social, exame médico-psicológico dos internos, proceder ao recolhimento na forma de abrigo, de educação ou tratamento de menores e promover estudo sobre as causas do abandono e da criminalidade infantojuvenil. Seu funcionamento era garantido pelo sistema *per capita* por menor internado e era organizado segundo as seções de administração, pesquisa e tratamento somatopsíquico, triagem e fiscalização e pesquisas sociais e educacionais. Pela própria conformação dos setores, já se pode entrever a preocupação com o caráter científico que embasaria as ações da instituição. O Serviço colaborava diretamente com o Juízo de Menores, recebendo menores encaminhados para atuar em sua rede institucional, que se estendia a vários estados do país com estabelecimentos próprios e contratados, e cujo atendimento, porém, se caracterizava pelo modelo de confinamento e correção.

Foram vários os problemas largamente discutidos acerca do funcionamento do SAM, desde a composição de seus quadros de funcionários – com a acusação de "cabide de emprego" –, passando pelo sistema "informal" de admissão – regido pelo crivo dos chamados "pistolões" –, até a qualidade propriamente dita do atendimento, contra a qual se levantava a denúncia de "escola do crime" (Rizzini & Rizzini, 2004, p. 34). A constância das ocorrências de motins, rebeliões, violência de toda a sorte contra os internos e corrupção do sistema de funcionamento mobilizava as autoridades desde a década de 1950 à condenação da instituição e à proposição de uma nova entidade. Com isso, esperava-se que se pusesse em marcha, de forma devida, a prática de institucionalização da infância pobre que se encontrava à margem do imenso processo de modernização nacional em curso. A despeito do fracasso do SAM em seu propósito de controle dos desvalidos e dos criminosos, a instituição pôs em prática um tipo de ação de Estado forjada como política assistencial, calcada no recolhimento institucional de marginalizados que marcaria o discurso de proteção à infância até os dias atuais.

A Psicologia encontrou espaço no SAM. O setor de psicotécnica da seção de pesquisas pedagógico-sociais fazia testagens psicológicas em vários procedimentos com os internos. Conforme aponta Bulcão (2006), o discurso psicológico que circulava na instituição fazia interlocução com autores como Claparède, Sigmund Freud (1856-1939) e Alfred Adler (1870-1937), entre outros. Contudo, as práticas psicológicas desenvolvidas na entidade também receberam acusações quanto a seu uso e a seus propósitos. Nesse sentido, merecem destaque um estudo comparativo sobre quociente mental dos internos e de estudantes da rede de ensino, cuja conclusão apontava para a debilidade mental dos desvalidos, e a prática de testagem de quociente intelectual para decidir sobre autorização de saída temporária dos menores (Bulcão, 2006, p. 154-159). Dessa forma fica patente o lugar da Psicologia na política institucionalizadora do Estado brasileiro nesse momento da história.

"Correr para permanecer no mesmo lugar"

A ditadura militar no Brasil estabeleceu outro episódio de restrição violenta aos direitos civis e políticos. O regime militar foi deflagrado em 1964, com intensa repressão logo no seu início. A evolução da repressão, ao longo dos anos em que durou, apresentou momentos de intensificação e de conflitos. Em curtas linhas, pode-se assinalar o período de 1968 a 1974 como o de maior repressão e de mais severo ataque aos direitos civis e políticos e o período de 1974 a 1985, etapa final do regime, como marcado tanto por tensões entre setores liberalizantes e repressores das Forças Armadas, em conflitos internos entre grupos dirigentes, quanto por intensa mobilização social gerando conflitos externos aos setores militares. Nesse sentido, houve nesse último momento a revogação conturbada e gradativa de leis repressivas, e a economia, anunciada com entusiásticos e controversos índices positivos, passou a sofrer com vigorosas crises e com a redução, ou com o desvelamento (a polêmica é extensa nesse ponto), dos índices de crescimento.

No que diz respeito à assistência à infância, a repressão do regime militar teve início com o anúncio de amplas mudanças no quadro anterior de denúncias de violência, corrupção, ineficácia e desperdício deixado pelo SAM. Em resposta a isso, o problema do menor seria alçado ao estatuto de segurança nacional. A criação da Fundação Nacional do Bem-Estar do Menor (FUNABEM) e da Política Nacional do Bem-Estar do Menor (PNBEM) propunha dar conta do encargo dos menores, tomando-os a partir de uma condição definida como carência, que no mais das vezes significava sujeito próximo da marginalização social. A FUNABEM foi criada em 1964, em substituição ao Serviço de Assistência a Menores, sob discurso explícito de moralização da inoperância, do desserviço e do vexame que caracterizava a prática daquela entidade. As autoridades afirmavam que o SAM recebia abandonados e delinquentes e os devolvia à sociedade como seres inúteis e despreparados para a vida (Bulcão, 2006, p. 181, Passetti, 1992, p. 155). A inscrição do menor na segurança nacional passava, sobretudo, pela sustentação de uma teoria sobre a carência. Conforme explica Passetti (1986), a teoria da carência consiste em uma teorização acerca do moderno. A modernização, nesse ponto de vista, é algo parcial e pautado na diferença entre o moderno (urbano, ajustado, evoluído) e o arcaico (retrógrado, rural, desajustado), pressupondo a prevalência do primeiro sobre o segundo e a condição de permanente defasagem entre eles. O arcaico não se iguala ao moderno. Sob essa lógica seria visto, por exemplo, o migrante da zona rural que busca melhores condições nos grandes centros. Sem recursos, sem preparo, com visão estreita do mundo, esse sujeito se estabelece na periferia, gera ou traz seu desestruturado núcleo familiar que seria, então, a causa do problema do menor.

O menor seria então ou o sujeito próximo da marginalidade, ou o sujeito dela. O abandono faria parte do processo que leva à criminalidade e o menor abandonado se tornaria fatalmente criminoso nessa visão. Portanto, o próprio abandono já constituiria uma ameaça, daí a noção de situação irregular, já presente no Código de 1927 e base do posterior Código de Menores de 1979, adquirir funcionalidade, pois se encaixa nos ditames da teoria da carência: situação irregular significa proximidade ou vigência do crime (Passetti, 1986, p. 38-41). Menor carente seria, então, o indivíduo da proteção da política de bem-estar do regime naquela ocasião. Nessa formulação não havia qualquer menção, em termos legais e políticos, às inovações jurídicas já presentes na Declaração Universal de Direitos da Criança de 1959.

Contudo, o discurso da Política Nacional de Bem-Estar do Menor (PNBEM) pretendia-se inovador. Anunciava diferenciar-se das práticas do SAM ao dizer que faria uma ruptura na doutrina da internação. Reformas institucionais em estabelecimentos do

Serviço de Assistência no Rio de Janeiro serviriam como piloto de um modelo assistencial a ser implantado em todo o Brasil. A expansão dessas reformas se intensificou, conforme Rizzini e Rizzini (2004), no período de 1966 a 1973 e seguia o plano de implantar uma estratégia única para resolver a marginalização do menor em todo o país.

Embora o empenho no discurso manifesto e no aparato despendido ideologicamente sustentasse esse projeto, na prática o modelo de atendimento predominante foi o da internação, inclusive com intensificação do recolhimento de crianças nas ruas. Apesar do reconhecimento de que a falta de recursos das famílias prevalecia como principal motivo para as internações, a desestruturação familiar era apontada,em geral, como causa do crescimento da população de internos. A situação irregular consistia no mecanismo de responsabilização das famílias ditas disfuncionais (Rizzini, 2004). O menor nas ruas significava ameaça à legitimidade política do regime, portanto, recolhimento e institucionalização apareceram como medidas que garantiriam a segurança do poder dirigente.

A PNBEM não foi mais do que a modernização do sistema assistencial ultrapassado calcado na internação. Segundo Osterne (1986), a política do regime militar não operou nenhuma modificação no escopo da assistência e produziu um programa meramente compensatório, de controle social altamente ideológico, a exemplo do que fora feito antes na Era Vargas. Na visão da autora, a política de bem-estar implantada "correu para permanecer no mesmo lugar" (Osterne, 1986, p. 31).

Outra faceta da relação entre ditadura militar e infância, como consta no *Relatório Brasil nunca mais* (RBNM), de 1985, foi a tortura de crianças e adolescentes, usados muitas vezes pelos agentes militares como instrumento de chantagens contra seus familiares, já prisioneiros, ou mesmo para outras formas de violência gratuitamente exercida: "não se tratava apenas de produzir, no corpo da vítima, uma dor que a fizesse pronunciar o discurso [...], a tortura visava imprimir a destruição moral pela ruptura dos limites emocionais" (Projeto Brasil nunca mais, 1986, p. 43). Assim, segundo esse documento, crianças foram torturadas diante dos pais, mulheres grávidas abortaram e a violência sexual foi impunemente praticada.

Outra modalidade de violência institucionalizada nesse período foi apontada por Passetti (1986), ao descrever uma espécie de circuito de práticas que o menor infrator percorreria até sua internação de fato em instituição correcional. Tal circuito começava pela relação com a polícia que, como estratégia de sobrevivência na convivência com o mundo do crime, estabeleceria uma prática de cobrança informal de impostos na área vigiada. A quebra desse acerto, ocorrida por motivos variados (excessos de uma das partes, pressão da opinião pública, denúncias etc.), levaria a captura de bandidos, na qual algum porventura se enquadraria na condição de menor infrator. A sequência desse circuito seria o recolhimento à delegacia que, embora comum no processo que leva à internação, não significaria ainda destinação ao confinamento, porque haveria condições para acertos. Não havendo acerto, seria, a partir daí, encaminhado à internação. Contudo, na recepção do serviço se apresentaria uma nova oportunidade de burlar a internação. Uma performance do menor diante do técnico, com promessas de não reincidência, poderia resultar em soltura e interrupção da admissão institucionalizadora do menor. Para Passetti, a internação seria a quebra desses mecanismos informais que operam, na prática, o controle da criminalidade da infância (Passetti, 1986, p. 41).

A exposição desse circuito em minúcias serviria não apenas para dar visibilidade à violência contida em práticas informais, mas para chamar atenção para uma importante incongruência que, segundo o autor, atravessa a lógica da institucionalização punitiva, qual seja, que ela sustenta um número muito maior de trabalhadores do social que de usuários dessas instituições. Ao considerar os quadros envolvidos nos setores de justiça, de segurança e de assistência, percebe-se que o contingente de técnicos é extenso e que as repercussões dessa contradição são profundas na sociedade. Trata-se de reconhecer, de acordo com o autor, que a criminalidade sustenta amplos segmentos sociais e, não se poderia esquecer, distintos campos de saberes e práticas profissionais (Passetti, 1986, p. 46-47).

Nesse sentido, cabe agora ver como a Psicologia se inseriu no quadro assistencial da década de 1960, observando especialmente que esse mesmo período foi ocasião da sua institucionalização profissional, a partir de reconhecimento legal de curso de formação em nível superior e de regulamentação da profissão de psicólogo. O reconhecimento da profissão ocorreu com a Lei 4.119, promulgada em 27 de agosto de 1962, ou seja, antes do golpe militar, assim como sua regulamentação pelo Decreto 53.464 de 21 de janeiro de 1964.

A criação dos conselhos profissionais (federal e regionais) de Psicologia, por sua vez, ocorreu em dezembro de 1971, pela Lei 5.766, ou seja, em pleno período de repressão política. O Decreto 79.822, que regulamentou essa lei, foi promulgado em junho de 1977 e o intervalo entre o reconhecimento da profissão e a criação dos conselhos foi preenchido por providências que partiam de uma comissão encarregada de opinar sobre pedidos de registros. Em relação à descrição e às finalidades dos Conselhos de Psicologia, consta no Artigo 1º da Lei 5.766/71:

> Ficam criados o Conselho Federal e os Conselhos Regionais de Psicologia, dotados de personalidade jurídica de direito público, autonomia administrativa e financeira, constituindo, em seu conjunto, uma autarquia, destinados a orientar, disciplinar e fiscalizar o exercício da profissão de psicólogo e zelar pela fiel observância dos princípios de ética e disciplina da classe. (Conselho Federal de Psicologia, 1996a, p. 2)

Entre a promulgação da lei e a posse dos primeiros conselheiros ocorreram três encontros de Psicologia que serviram não somente para articular os profissionais em torno das necessárias providências legais, como também para tratar de questões prementes na ocasião, como: o trabalho do psicólogo na área do trânsito, a instituição do Dia do Psicólogo e a aposentadoria do profissional. O I Encontro Nacional de Sociedades de Psicologia ocorreu em fevereiro de 1971, em São Paulo, o II Encontro, em janeiro de 1972, em Barbacena, Minas Gerais, e o III Encontro, em junho de 1973, no Rio de Janeiro. Esses encontros marcam os primeiros passos da organização da regulação profissional.

Em dezembro de 1973 tomou posse o primeiro Plenário do Conselho Federal de Psicologia. A filosofia de ação desse Conselho se dedicaria à elaboração das leis sobre as quais se estabeleceria a nova classe. Em 27 de agosto de 1974 foram criados sete Conselhos Regionais e empossados seus primeiros plenários: 1ª Região, com sede em Brasília – Distrito Federal, Acre, Amazonas, Goiás, Pará e territórios do Amapá, de Roraima e Rondônia; 2ª Região, com sede em Recife – Pernambuco, Paraíba, Alagoas, Ceará, Rio Grande do Norte, Piauí, Maranhão e território de Fernando de Noronha; 3ª Região, com sede em Salvador – Bahia e Sergipe; 4ª Região, com sede em Belo Horizonte – Minas Gerais e Espírito Santo; 5ª Região, com sede no Rio de Janeiro – Guanabara e Rio de Janeiro; 6ª Região, com sede na cidade de São Paulo – São Paulo e Mato Grosso; e 7ª Região, com sede em Porto Alegre – Rio Grande do Sul, Santa Catarina e Paraná. Em fevereiro de 1975, foi aprovado o primeiro Código de Ética dos Psicólogos do Brasil (Soares, 1979, p. 30-38).

Na visão de Soares (1979), a promulgação da Lei 5.766 deveria favorecer a mobilização dos psicólogos em torno da coesão e da identidade de classe. Preocupações dessa natureza indicam prioridades interiorizadas em detrimento de confrontos na realidade política e social conturbada, exterior à profissão. Nesse sentido, os esforços na ocasião tinham objetivos de união da categoria em torno de uma única bandeira: a própria afirmação como profissão com características privativas. A lei, nesse ponto de vista, ofereceria, como todas as outras profissões institucionalizadas desde o período de Vargas, condições ideais para a união dos profissionais em torno dos direitos privativos.

O artigo "O direito privativo do psicólogo", de Antonio Rodrigues Soares, publicado em 1983, apresenta o tom desse direcionamento. Nele, Soares pretendeu "esquadrinhar o sentido, a abrangência e os limites do termo PRIVATIVO empregado pelo Legislador no artigo 13, § 1º da Lei 4119" (Soares, 1983, p. 1, destaque do autor). Recorreu à "tradição, história e hermenêutica jurídica" para afirmar que direito privativo significaria poder e faculdade individual imputada a uma pessoa de modo terminantemente exclusivo. Nesse sentido, o termo significaria privilégios que "preferem a uns e repelem a outros", que seriam conferidos não só a pessoas, mas a classes, a profissões, a cargos, a empregos, a funções e a atividades, para os quais os juristas definem uma competência privada. Ao apontar para essa definição de competência privativa, Soares afirmou que as profissões tenderiam a obter proteções para seus integrantes mediante a exclusividade de seu exercício, repelindo atividades afins exercidas anteriormente, que seriam, então, substituídas pela atividade regulamentada. O reconhecimento de uma competência privativa constituir-se-ia, assim, como forma privilegiada de "refúgio" para a maioria das profissões.

A ação do Conselho Federal de Psicologia para o autor seria a de proteger o direito privativo dos profissionais, "pugnando pela exclusividade do seu exercício". Nesse ponto de seus argumentos, o autor volta-se para a questão da psicoterapia, atribuição que "médicos praticavam [e que seriam] hoje definidas como exclusivas de psicólogos" (Soares, 1983, p. 5). Sua interpretação da Lei 4119 sugeriu que a prática de psicoterapia, ainda assegurada para médicos que a exercem antes de 1962, estaria, pois, à luz do direito, impedida para médicos cuja formação e titulação se seguisse àquele ano. A insistência desses novos médicos configuraria, para ele, abuso de direito, contravenção legal, exercício ilegal da profissão de psicólogo, invasão indébita de uma área. Estava em jogo o estabelecimento de limites oficiais de atuação e defesa do campo profissional. Percebe-se nesse tipo de mobilização que a ocupação de espaços é o ponto principal da premência pela organização dos psicólogos que a institucionalização dos conselhos de Psicologia deveria auxiliar. Havia, não obstante, obstáculos apontados naquele artigo para o alcance desse objetivo: o pouco tempo de existência da chamada ciência psicológica, que conservara "por muito tempo, um cordão umbilical difícil de romper-se com a filosofia"; a interferência de múltiplas profissões nas "searas dos psicólogos", concorrendo na atenção à geração "exponencial [de] problemas e desajustes em todas as áreas do comportamento" na sociedade; o isolamento dos profissionais que "mourejavam, caminhando quase à sombra, como que a temer que o contato e a troca de experiências e opiniões lhes ameaçassem a segurança e o status adquirido" (Soares, 1979, p. 29). Nesse sentido, tais explicações indicam, sobretudo, que o esperado efeito de coesão não ocorreu como almejado.

A temeridade pela perda de *status* adquirido levanta suspeitas sobre as práticas psicológicas naquele momento histórico. O ordenamento político desencorajava o envolvimento com questões do âmbito público e incentivava a priorização de aspecto da vida privada. Segundo Coimbra (1995), grande parcela desses grupos (psiquiatras, psicólogos e psicanalistas), não somente estaria adaptada ao contexto sociopolítico, como participaria ativamente da ordem repressiva vigente.

Ilustrações dessas afinidades aparecem na própria narrativa de Soares acerca da primeira posse dos conselheiros federais: "dentro dos princípios ditados pela prudência, no momento histórico que se vivia, os psicólogos [...] desenvolviam os trabalhos governamentais tendentes à escolha dos membros do Conselho Federal", e ainda: "digna de nota é a afirmação do Senhor Ministro (do Trabalho), em seu discurso de saudação aos novos conselheiros, ao parabenizar e encomiar a sua eleição como uma das mais pacíficas e rápidas de que já tivera notícia. E concluía: 'não poderia ser de outra forma, em se tratando de psicólogos'" (Soares, 1979, p. 34-36).

Conflitos de autonomia e legitimidade histórica da Psicologia na cultura brasileira, ameaças corporativistas e busca de abrigo no mercado para a recente profissão, severo isolamento, "temeroso" de articulação coletiva, tecem o quadro geral desse momento na esfera de organização da regulação profissional. Em uma exposição acerca da trajetória dos vinte primeiros anos da profissão, Silva (2003b) afirmou, "querendo carregar nas tintas as formas que foram predominantes no entendimento dos psicólogos", que parecia que todo o campo do saber psicológico se resumia à investigação da interioridade dos indivíduos, produzindo uma sintonia com a ausência de liberdade de expressão, liberdade de organização e liberdade de crítica. Nesse sentido, o autor declara que os psicólogos são "filhos de um período de ditadura militar" (Silva, 2003b, p. 15).

Foi nesse período histórico que os psicólogos se inseriram na assistência à infância como profissão formalizada. Os recém-reconhecidos profissionais foram buscando espaço como técnicos especializados e com prerrogativas privativas de atuação no campo onde, como visto anteriormente, o saber da Psicologia já circulava. Guirado (1980) descreve as atividades e instrumentos adotados pelo setor de Psicologia da unidade de triagem de uma instituição de internamento em São Paulo, onde constavam: estudo biopsicossociopedagógico para diagnóstico e para encaminhamento, consulta a prontuários, entrevistas, anamnese, observação do comportamento, contatos com outros profissionais e técnicos, desenho livre, testagem, atividades lúdicas e orientação. Segundo a autora, essa unidade destinava os menores para tutela, adoção, devolução à família, desligamentos, liberdade vigiada, entrega mediante termo de responsabilidade, estágio como empregada doméstica, colocação profissional, recâmbio, encaminhamentos hospitalares, a unidades educacionais e outros. O psicólogo trabalhava com médicos (clínico, ginecologista, neurologista, pediatra), dentista, assistente social e outros profissionais (Guirado, 1980, p. 41).

Ao tomar os menores como carentes, traumatizados e desajustados, cujos problemas não seriam mais que doenças a serem erradicadas, dirigentes de instituições assistenciais de modo geral entendiam que a prática psicológica deveria consistir em diagnóstico, orientação e solução de problemas de ajustamento, caracterizando uma atuação focada principalmente nos menores (Altoé, 1990, p. 22-23). Essa visão não contrasta com as funções privativas conquistadas com o processo de reconhecimento da profissão. Nesse sentido, haveria uma relação harmoniosa entre as contribuições profissionais do psicólogo e os ditames vigentes na assistência nesse momento. Sua capacitação técnica para os procedimentos esperados, a já ampla inserção dos conhecimentos da Psicologia na área e a expectativa de solução psicológica dos problemas da infância pobre sugerem um devido ajustamento do novo profissional ao campo nesse período.

A ideia desse ajustamento aparece claramente no livro *Os direitos dos menores*, de 1985, do psiquiatra e psicólogo clínico Haim Grünspun (1927-2006). Nessa publicação, o autor afirma que a Psicologia, por suas preocupações prioritariamente teóricas, tratou muito pouco do tema dos direitos dos menores. Grünspun explicita sua perspectiva em direitos da infância, pautada na concepção de situação irregular que fundamentou o Código de Menores de 1979. Como visto anteriormente, a ONU objetivou, com a promoção do Ano Internacional da Criança naquele ano, que o problema da infância recebesse a devida atenção dos Estados nacionais. Essa medida tinha certa ressonância com ações de algumas mobilizações sociais no Brasil, que almejavam mudanças no tratamento assistencial infantojuvenil. Porém, ao lado de uma grande campanha na mídia, ocorreu a aprovação do II Código de Menores, providência meramente revisora da legislação anterior do fim da década de 1920. Tal aprovação ocorreu em meio a uma alardeada perda de controle do problema do menor, com vasta circulação na opinião pública de aumento de índices de delinquência e de abandono da infância.

Para Grünspun, portanto, era necessário que a Psicologia se manifestasse sobre os problemas e sobre as medidas legais tomadas pelo Estado, já que sua contribuição poderia ser valioso instrumento naquele momento. O autor sustenta que, apesar de considerar um progresso a noção de situação irregular ao permitir a proteção do menor, "mesmo quando se encontra na família", regulando a responsabilidade dos pais, os direitos dos menores seriam afrontados e desprezados por serem manuseados por juízes com dificuldades para diagnosticar os casos. Por não estarem a par dos conceitos de especialistas de áreas como Psicologia, psiquiatria e serviço social, as autoridades jurídicas corriam o sério risco de restringir as possibilidades abertas pela noção de situação irregular (Grünspun, 1985, p. 103-104).

Grünspun aponta que o novo Código de Menores incidia sobre fatores que interferem na evolução da personalidade infantil, uma vez que regulava a assistência, a proteção e a vigilância dos menores "irregulares". A finalidade da noção de situação irregular seria intervir para o desenvolvimento adequado da personalidade que, por sua vez, compreendia os seguintes aspectos: conduta, atitudes e comportamento. Para o autor, conduta consistiria na manifestação de processos evolutivos de maturação e crescimento humano, enquanto atitudes seriam disposições que determinariam o sentimento e a ação, e comportamento seria a manifestação da personalidade. Esses três aspectos poderiam se apresentar como normais ou patológicos. O autor propõe, então, uma classificação para operacionalizar a situação irregular, distinguindo quatro condições fundamentais de relações do menor com o mundo: relação familiar, relação escolar, relação social e relação de propriedade. Contudo, escapa ao escopo de nosso estudo apresentar o sistema de classificação criado por Grünspun que apresenta 30 (trinta) itens de caracterização de situações irregulares, pelo qual se poderia tipificar a irregularidade cometida pelo menor (Grünspun, 1985, p. 106-109). Com essa concepção, Grünspun conseguiu psicologizar a noção de situação irregular, articulando com esse conceito jurídico uma perspectiva evolucionista em Psicologia e ideias da teoria da carência subjacentes.

Visualizar as questões da assistência à infância nas ações dos Conselhos de Psicologia nesse momento não é tarefa fácil. À primeira vista, considerando as prioridades corporativistas da entidade com a organização da profissão, os conflitos da política de bem-estar do menor não estariam nas preocupações dessa instituição da categoria, mas não há como afirmar isso com segurança. A história da regulação profissional da Psicologia nas mais diversas áreas está para ser contada, por ora restam alguns indícios para se tecer considerações.

Um possível indicador do direcionamento e das temáticas de interesse da entidade é a revista *Psicologia: Ciência e Profissão*. A revista foi criada pelo Conselho Federal de Psicologia como publicação regular distribuída gratuitamente a todos os psicólogos e foi, gradativamente, consolidando lugar importante na difusão da Psicologia brasileira. Sua primeira edição data de 1979 e tinha como objetivo, na ocasião, ser uma revista de caráter científico e profissional que representasse o pensamento nacional em Psicologia, tanto em aspectos teóricos como metodológicos, e o desenvolvimento peculiar de cada "Região" da regulação da profissão (Saldanha, 1979).

Mais do que um meio para investigar as prioridades do Conselho, o periódico opera, na visão de Campos e Bernardes (2005), o registro das transformações da própria Psicologia no país, na medida em que consiste em um espaço de divulgação dos trabalhos dos psicólogos. As linhas editoriais da revista e as respectivas mudanças ao longo de sua trajetória oferecem uma visão sobre a organização da profissão. Nesta análise, as autoras propuseram uma classificação periodizada da revista, apontando que entre 1979 e 1984 a ênfase da publicação recaía na história da Psicologia e na divulgação da pesquisa em Psicologia. A necessidade de difundir informações para a população de profissionais era a preocupação fundamental, especialmente tendo em vista que o Brasil foi um dos primeiros países a profissionalizar a Psicologia. Procurava-se afirmar a qualidade da Psicologia produzida aqui em relação à europeia e à norte-americana. As autoras constataram a presença de muitos artigos sobre Psicologia da aprendizagem, com orientação comportamental, e Psicologia do desenvolvimento, com a perspectiva genética, campos de saber que reservam para a infância dedicação especial. Na edição número dois de 1983, por exemplo, constam artigos que tratam de temas como tipos de brinquedos e estímulos em crianças pré-escolares e sobre a formação dos conceitos a partir da teoria piagetiana. A número um de 1987 tem como chamada de capa o tema "A inteligência da criança brasileira". Entretanto, as questões político-sociais da infância parecem não figurar em primeiro plano nos debates da revista.

Aspectos como este levam Silva (2003b) a falar sobre alienação da realidade, ausência em espaços políticos e em uma história de omissões da profissão. Na visão desse autor, essa trajetória da profissão continua funcionando como obstáculo para que os psicólogos modifiquem suas formas de atuação. A Psicologia aparecia, então, como grupo profissional plenamente ajustado e confortável com o contexto repressivo, afim com o afastamento das questões de ordem pública, afim com a ideologia de priorização da esfera da intimidade e da vida privada.

Entretanto, a profissão passaria a buscar, com o decorrer do tempo, outros contornos para sua identidade, com os quais pretendia afirmar distinções em relação ao período da repressão militar. Na própria *Psicologia: Ciência e Profissão*, o período entre 1984 e 1991 seria marcado por mudança na comissão editorial, que procurou acompanhar a tendência de abertura política no país. A linha editorial voltou-se para a participação do psicólogo no processo político de redemocratização do país, enfatizando a importância do atendimento a demandas de parcelas mais amplas da população. O editorial da revista, edição comemorativa dos 25 anos da profissão (n. 2/1987), declarou: "a fase pós-64, incluindo os anos 70, representou um período difícil, em que os profissionais [...] foram praticamente impedidos de participar nas discussões [...] (dos) problemas sociais" (Conselho Federal de Psicologia, 1987, p. 4).

Os anos 1980 foram entendidos, portanto, como período de tensões na maneira como a categoria se posicionaria em relação às questões políticas e sociais. Seu processo de organização corporativa passaria por um reordenamento de suas estruturas e de suas priorizações, uma parte da categoria passava pela busca de novas formas de atuação profissional, buscando afirmar um diferencial como marca: "o atendimento de toda a população e em especial dos setores historicamente marginalizados" (Conselho Federal de Psicologia, 1987, p. 4). Contudo, atender aos marginalizados e suas demandas sociais implicaria uma inserção de caráter mais político que técnico, como fora feito até aqui. Essa premência levará a modificações profundas na forma institucional de funcionamento da entidade da categoria, além de a um outro posicionamento em relação aos problemas políticos e a busca de espaços na esfera pública. Isso sem deixar de levar em conta as repercussões macropolíticas das alterações do ordenamento jurídico mundial da infância e a sustentação da esfera supranacional no direcionamento das formas de governo dos problemas nacionais.

3

Novos direitos da infância e reorganização da profissão

A oposição ao regime incorporou, no rol de suas reivindicações, lutas pelo respeito aos direitos humanos. Essas reivindicações tornaram-se importantes pautas políticas que ajudaram a pressionar pelo fim do regime. Diante das inúmeras denúncias e acusações de violência institucional patrocinada pelo governo, a mobilização social em prol de mudanças elegeu os direitos humanos como uma das bandeiras principais a ser defendida na direção de uma nova estruturação política. A ligação entre política e direitos humanos apresentada desta forma no contexto histórico da ditadura, embora pareça óbvia, não deve deixar de questionar, entretanto, as capacidades políticas desses direitos.

A inquietação sobre a veia política dos direitos humanos parte da constatação imediata de que nem tudo é necessariamente político quando se trata de direitos humanos. Lefort (1983) assinala que muitas vezes os direitos individuais, derivados de conquistas em direitos humanos, são acionados sem que signifiquem relação imediata com interesses de uma coletividade e sem que envolvam preocupações com as questões da cidade. Nesse sentido, o autor interpela sobre a política que subjaz nos direitos humanos, que tipo de premência coletiva esses direitos atendem uma vez considerada a consistência própria entre algo da ordem do direito e da política distintamente. Ao analisar a questão partindo do debate acerca da crítica dos direitos humanos presente em *A questão judaica*, de 1844, do jovem Karl Marx, passando pela crise do marxismo instaurada pelas denúncias de violência contra dissidentes na União Soviética no século passado, Lefort afirma que o sentido político dos direitos humanos se assenta no enfrentamento ao totalitarismo, na pressão que impõe ao governo ditatorial em direção à democracia. O outro nome da política dos direitos humanos seria, então, a política democrática. Os direitos humanos adquiririam, portanto, força política quando postos contra o Estado na busca de ampliação da proteção dos direitos a estratos cada vez maiores da população.

O aparecimento de novas exigências coletivas em direitos humanos (como no caso dos direitos da infância) deveria ser relacionado a uma nova sensibilidade social que estaria ligada a exigências diferenciadas. Essas novas reivindicações, na visão de Lefort (1983), não esperariam por uma solução global dos conflitos, ou seja, pela tomada do Estado como no ideal revolucionário, mas pretendem a afirmação de um *"poder social"*, que valorizaria direitos sociais que combinaria, ao redor do poder instituído, uma variedade de novos elementos articuladores de reivindicações dispersas. É importante, então, perceber do que seriam capazes essas reivindicações sociais dispersas. Elas têm conseguido, na visão de Lefort, concessões notáveis a partir do momento em que forçariam o Estado a dar atenção mais detalhada à vida social dos grupos humanos, o que multiplicaria os sentidos da democracia e dos valores de dignidade. Assim, a capacidade política dos direitos humanos residiria em sua disposição para exercer pressão sobre o Estado em favor de suas exigências na vida social (Lefort, 1983, p. 60-69).

Nesse sentido, os movimentos sociais, que se constituíram como atores fundamentais para a afirmação dessas reivindicações no processo de abertura política do país, seriam também a encarnação de um potencial politicamente próprio dos direitos humanos. Os estudos sobre os movimentos sociais apontam algumas características gerais desse ator político necessárias à observação. Conforme proposto por Gohn (2000), esses movimentos podem ser inovadores ou conservadores, dependendo das articulações políticas em jogo e dos projetos políticos em litígio. Os movimentos sociais têm por base de suporte entidades e organizações da sociedade civil, organizações que funcionam como espaços de resistência e, por isso, existem a partir da confrontação com seus obstáculos. Suas ações sociopolíticas são construídas por atores sociais coletivos pertencentes a diferentes classes e camadas sociais que se articulam em certos cenários da conjuntura socioeconômica e política de um país, levando à criação de um campo político de força na sociedade civil. Essa ação gira em torno de pautas que advêm de conflitos, problemas e litígios dos diversos grupos na sociedade. Na visão da autora, "os movimentos geram uma série de inovações nas esferas pública e privada, e participam da luta política de um país" (Gohn, 2000, p. 251-252). A descrição da multiplicidade de reivindicações desses movimentos no período da redemocratização, entretanto, foge ao escopo desse trabalho, que se deterá somente em registrar parte do percurso das organizações vinculadas à temática da infância, voltadas à promulgação e à consolidação dos direitos da infância na década de 1990.

Essa narrativa interessa para dar visibilidade a um conflito dos movimentos sociais no que diz respeito ao encetamento de ações inovadoras e de rupturas prioritariamente em favor da sociedade civil, em especial ao tratar-se dos problemas da cidadania, dos problemas daqueles contingentes que ficam fora da cidadania, por um lado, e a ligação que manteriam com o Estado ao reivindicarem a implantação de novos ordenamentos políticos para suas pautas. Entendendo que se inserem no terreno de lutas políticas e se defrontam com litígios da diferença de valores pelos grupos antagônicos, torna-se fundamental a compreensão do que esses movimentos pretendem como ruptura, mesmo que se tenha o rompimento como mera possibilidade. No caso dos movimentos da infância, essa questão se materializa na interpelação dos novos direitos da criança como efetiva ruptura nos modos de relação entre governo e infância, ou se esses direitos respondem apenas ao fortalecimento da estrutura supranacional de governo das questões sociais, o que os tornaria mera ferramenta para ajuste dos países a uma nova ordem mundial. Em última análise significa perguntar a que tipo de mudança almeja, primeiro, a defesa dos novos direitos.

Alguns estudos sobre esses movimentos apontam para uma tentativa de formulação de um novo conceito de política baseado na crítica de suas próprias ações (à experiência marxista, à força pela representatividade dos partidos políticos e/ou à luta armada), buscando novas estratégias de luta mediante a valorização da experiência subjetiva, cotidiana e da legalidade como campo de confronto. Sobre esse último, Araújo declara: "a legalidade era, na verdade, conquistada com risco e com lutas; os movimentos sociais de oposição e os partidos e organizações de esquerda disputavam cada espaço de legalidade" (Araújo, 2000, p. 119). Esse aspecto é de suma importância ao indagar sobre os direitos da infância como conquista na luta dos movimentos sociais da infância nos anos 1990, já sua pauta principal consistia na revogação do Código de 1979. Contudo, um problema se coloca neste ponto, pois na literatura que trata dos movimentos sociais sob o aspecto teórico encontra-se raramente algo sobre a peculiaridade do movimento social da infância. Resta o recurso a uma narrativa muito pouco sistematizada sobre a trajetória de suas reivindicações conforme a seguir, procurando assinalar nela o envolvimento dos psicólogos com as pautas atinentes a essas mobilizações.

Assim, inicialmente, será visto um esboço da trajetória do movimento social da infância até a promulgação do Estatuto da Criança e do Adolescente (ECA), quando se passará a algumas observações sobre as diretrizes e os princípios que organizam essa lei na atualidade, bem como serão feitas algumas considerações sobre os obstáculos que se põem à consecução de suas normativas. O segundo momento dessa seção está destinado à narrativa da mobilização da Psicologia sensibilizada pelas reivindicações dos movimentos sociais da infância. Algumas iniciativas da profissão com forte caráter crítico à vigência da política de bem-estar do menor aparecem como ressonância da pauta de lutas que se organizava em meados da década de 1980. Por último será observado o processo de reorganização das entidades da profissão como reflexo do processo político da redemocratização do país, especialmente os Conselhos, que foram gradativamente tornando-se ferramenta política da profissão para buscar uma nova inserção na política assistencial da infância, e, ao final, um conjunto de ações realizadas por essa entidade como forma de atuar politicamente nos problemas da infância.

750 crianças no Plenário

O fim da ditadura militar abriu espaço para a intensificação da crítica à Política de Bem-Estar do Menor. O discurso de recusa da cultura de internação e de ênfase em práticas comunitárias, que marcou o início das ações da FUNABEM e de vários órgãos estaduais de bem-estar e de entidades conveniadas, seria desmascarado por denúncias de violência institucional, de ineficácia do atendimento, de manutenção da vertente policial de tratamento da questão social da infância. Essas críticas englobavam o Código de Menores de 1979 que, ao longo do processo, passou a ser alvo privilegiado dos ataques. Não bastaria apenas uma nova política assistencial, seria necessário prover uma mudança na regulamentação da assistência.

Em fins dos anos 1970, já era visível o surgimento das primeiras entidades chamadas "alternativas" no atendimento à infância. O sentido de alternativo, acompanhando o ponto de vista de Bastos (1995), reside na oposição às propostas formais de ações assistenciais do governo e da filantropia, que se pautavam na institucionalização massificada e marginalizante da infância. Entre as entidades com essa característica encontra-se a ação de grupos de alas progressistas da Igreja (Pastoral do Menor de São Paulo em 1978), e de outras entidades, como a República do Pequeno Vendedor (Belém, 1970), o Centro Salesiano do Menor (Belo Horizonte, 1978) e o Salão do Encontro (Betim, MG). No período, caberiam ainda as menções ao Movimento de Defesa do Menor (1978), com atuação em assistência jurídico-social, e à Associação dos Ex-Alunos da FUNABEM (ASSEAF), na luta contra a discriminação aos ex-internos.

Além dessas entidades, outros tipos de ações compunham esse movimento, como os estudos e as pesquisas feitos por universidades e centros de pesquisa sobre a problemática da infância, como a pesquisa "Meninos e Meninas de Rua – Valores e Expectativas", realizada pelo Centro de Orientação para Desenvolvimento Econômico (CENDEC) e a Comissão Justiça e Paz da Arquidiocese de São Paulo, bem como ações do poder público, como a da Comissão Parlamentar de Inquérito de 1976 – CPI do menor – que tornou prioritária a chamada questão do menor e acusava o Código de 1927 de "defasado e ineficaz". Essa CPI gerou o documento *A Realidade Brasileira do Menor*, com o registro do trabalho parlamentar realizado e um diagnóstico do quadro. Consta ainda que esse documento tornou-se referência para pesquisas sobre o tema (Bastos, 1995, p. 34-35).

A infância, marcada pela mobilização em torno das denúncias de violência nos confinamentos das instituições da Política de Bem-Estar do Menor, passou a contar com a articulação política desses grupos, concentração de forças que impulsionaria o fortalecimento e a sistematização das ações contrárias à violência institucional do Estado. Em 1985, em meio a ações que articulavam UNICEF e órgãos governamentais (FUNABEM e secretarias do Poder Executivo) na construção de experiências alternativas de tratamento da infância, a presença do UNICEF nessas iniciativas mostra o franco empenho para a sustentação das diretrizes do novo ordenamento supranacional da infância. Dessas experiências, cuja linha principal passaria pela organização de encontros nacionais com grupos não governamentais, surgiu o Movimento Nacional de Meninos e Meninas de Rua (MNMMR), organização não governamental que priorizava a participação direta de crianças e adolescentes na defesa dos direitos da infância (Bastos, 1995, p. 49; Silva, 2005, p. 32). O MNMMR foi uma forte referência institucional na luta contra a Doutrina de Situação Irregular e das medidas que promoviam a articulação dos atores políticos da infância.

Na visão de Souza (1997, p. 55), as ações do Movimento Nacional de Meninos e Meninas de Rua e da Pastoral do Menor foram significativas para uma nova organização do movimento social da infância. Em torno do MNMMR ocorreu, em 1986, o I Encontro Nacional de Meninos e Meninas de Rua. Esse evento produziu não apenas o registro de denúncias pelos próprios participantes (relativos aos temas educação, saúde, trabalho, família e violência), mas também uma relação de providências a serem tomadas pelo governo, elaboradas pelas crianças e jovens, com os técnicos da organização (Movimento Nacional de Meninos e Meninas de Rua, 1986, p. 67-80). Essa iniciativa encontrava respaldo no campo de discussão sobre o chamado protagonismo juvenil, outra das pautas que marcava a articulação política da infância. O protagonismo juvenil surgiu no Brasil, na década de 1980, por meio de ações que teriam como aspecto principal a participação de jovens em espaços institucionalizados de formulação política. Nessa perspectiva, o adolescente seria também ator da construção de sua respectiva política, o que significaria ampliar a visão sobre a juventude tornando-a sujeito em sua própria determinação. O protagonismo marcaria um diferencial na visão protecionista da infância enraizada no pensamento menorista.

O processo da Constituinte em meados dos anos 1980 foi o momento crucial das ações do movimento social da infância. O surgimento das campanhas que visavam conquistas constitucionais foi um passo decisivo na concentração de forças que ocorria na ocasião. A campanha Criança Constituinte, organizada pelo Ministério da Educação em 1986, era voltada para ações referentes à infância de zero a seis anos, trazia a perspectiva governista de emenda constitucional que pouco atendia aos anseios dos movimentos sociais. A campanha Criança Prioridade Nacional, de caráter popular, carregava em seu escopo as demandas da mobilização política de diversas entidades e tornou-se uma emenda com a missão específica de se contrapor a um anteprojeto de manutenção do modelo correcional assistencialista proposto por partidos conservadores. Essa campanha produziu uma emenda popular com a assinatura de 250 mil eleitores e um milhão de crianças e jovens (Silva, 2005, p. 38).

O processo desencadeado por essas campanhas, especialmente a segunda delas, levou à criação do Fórum Nacional Permanente de Entidades Não Governamentais de Defesa dos Direitos da Criança e do Adolescente (Fórum DCA) em março de 1988. Tal iniciativa, que consagrou a estratégia de articulação das entidades à medida que foi um espaço institucional agregador do movimento social, teve como meta levar à Constituinte a emenda constitucional que deu origem ao artigo 227 da Constituição Federal, com os quesitos dos direitos fundamentais da infância presentes na Declaração de 1959, possibilitando ao Fórum DCA ser um interlocutor entre sociedade organizada e o Congresso Nacional (Bastos, 1995, p. 51).

A Constituição de 1988, em consequência dessas mobilizações, atribuiu prioridade política para o público infantojuvenil e condição de sujeito de direitos, o que significaria uma diferença substantiva em relação ao código anterior, entendido como anacrônico e sustentador de violações à infância (Sales; Alencar, 1997, p. 35).

O embate acerca das concepções jurídicas da infância, ocorrido no período de redemocratização nacional e acentuado após a Carta de 1988, levou à configuração de duas perspectivas distintas: a dos menoristas (que defendiam a manutenção da doutrina de situação irregular na legislação da infância) e a dos estatutistas (que defendiam a doutrina da proteção integral). Como visto, a Doutrina de Situação Irregular foi base do Direito do Menor no Brasil no Código de 1979. Pautava-se na ideia de doença social, de patologia como motivo primordial das situações irregulares, operando mecanismos discriminatórios. Para os críticos do menorismo era uma lei que agia nos efeitos de uma suposta patologia social, que, no mais das vezes, era decorrente da ou a própria pobreza. Não era um código para uma infância "regular", pois concebia que esta ficava ao encargo do *pater poder* das "boas famílias". Os juristas defensores dessa doutrina preocupavam-se com os limites da prestação judicial, argumentando que uma extensão desmesurada do conceito de Direito do Menor levaria à desmoralização do Poder Judiciário.

Os estatutistas, por sua vez, defendiam as ideias da Convenção de 1989, ainda em projeto na ocasião, sustentando a chamada Doutrina de Proteção Integral. Com isso, voltavam-se a todo o conjunto da infância, procurando não produzir mecanismos marginalizantes, pautando-se sobre os (novos) direitos da infância e concebendo como alvo principal da mudança jurídica a ausência de garantia desses direitos. Assim, no debate os menoristas sustentaram que a legislação não deveria tratar dos direitos das crianças, devendo ater-se apenas às irregularidades e não às "crianças felizes". Tratava-se da ideia de que o Código Penal não trata do homem livre, só dos criminosos, a lei de falência não trata do comerciante honesto, e essa deveria ser a lógica legal da infância. A modificação do paradigma jurídico para a Proteção Integral, na visão dos menoristas, seria uma operação não mais que demagógica, pois repousaria sobre a retórica em torno do termo menor. A palavra "menor", por mais estigmatizante que fosse, teria conquistado um peso jurídico consolidado. Nesse sentido, o termo menor, a despeito dos efeitos sociais, seria válido por apresentar funcionalidade suficiente e legitimar uma "eficácia" jurídica própria àquela área do direito.

Contudo, os oponentes dessa perspectiva sustentam que se uma lei afasta da sua funcionalidade jurídica do fato social e deixa de tratar do conjunto da infância para priorizar a imagem do Judiciário perde seu sentido para o interesse do sujeito; essa foi uma das críticas ao Direito do Menor. A ideia de "menor em situação irregular" seria equivocada do ponto de vista do real, pois se eram as famílias "irregulares" a lei perdia aí o seu efeito, pois naquele Código (de 1979), não havia nenhuma medida de apoio a elas (Vasconcelos; Amaral; Cavalieri, 1990, p. 13-22).

A Proteção Integral englobaria, como visto, três dimensões de cidadania para a infância – civil, política e social –, conforme vieram constar na Convenção dos Direitos da Criança. Outro aspecto ligado a essas dimensões de mudança seria a concepção de risco administrativo como objeto da proteção. Nessa visão, o ato de responsabilizar ocorreria não apenas na presença do dano, mas já na ameaça aos direitos pela ação ou omissão da autoridade pública, ou seja, a própria situação de tornar vulnerável já seria considerada suficiente para configurar-se uma violação de direitos.

Tornar-se-ia prioritário, com isso, a manutenção dos serviços assistenciais para pronta atenção, já que estaria em jogo um sistema de garantia de direitos calcada na constância da oferta dos serviços. Sêda esclareceu que a "ameaça a direitos pelo Estado pode ser classificada em duas categorias: [...] não oferecimento de um serviço público ou [...] oferta irregular deles" (Sêda, 1995, p. 37).

O Fórum DCA gerou o projeto do Estatuto da Criança e do Adolescente. A primeira versão foi apresentada ao Legislativo com outras, o que levou à decisão de composição de um grupo de redação, reunindo o Fórum DCA, juristas e consultores do UNICEF, para a formulação final. As tensões desse processo de institucionalização da nova legalidade da infância terminaram criando condições para a inserção das diretrizes do novo direito internacional da infância. O processo de aprovação nas instâncias do Senado e da Câmara manteve a intensa mobilização. Durante o II Encontro Nacional de Meninos e Meninas de Rua, em Brasília, no ano de 1989, realizou-se uma votação simbólica da nova lei, que contou com 750 crianças de rua de todo o país no plenário do Congresso Nacional (Bastos, 1995, p. 52-53).

Os direitos da infância tomaram forma no Estatuto da Criança e do Adolescente, Lei Federal 8.069/90, que regulamentou o artigo 227 da Constituição Federal de 1988. Segundo a Constituição, a proteção da criança passa pelas diferentes esferas de governo (federal, estadual e municipal), mas deve ser assegurada por políticas públicas prioritariamente no âmbito dos municípios. O Estatuto da Criança e do Adolescente (ECA) estabeleceu em seu primeiro livro os direitos fundamentais da infância: à vida; à saúde; à liberdade, respeito e dignidade; à convivência familiar e comunitária; à educação; à cultura, ao esporte e ao lazer; à profissionalização e ao trabalho. Ainda nesse livro, constam questões de prevenção, no sentido de proteção à infância. Em seu segundo livro, desenha a política de atendimento, medidas de proteção e socioeducativas, trata do ato infracional, de medidas pertinentes aos pais e responsáveis, ao conselho tutelar, ao acesso à justiça, trata dos crimes e infrações administrativas (Brasil, 2006).

Essa legislação investiu-se de uma direção político-pedagógica em seus preceitos, ao invés da tradição correcional como no modelo assistencial anterior, e incorporou diretrizes constitucionais de descentralização (especialmente quanto ao redimensionamento da justiça, com a criação dos Conselhos Tutelares) e municipalização (priorizando as instâncias de ações locais da esfera municipal na gestão e execução de políticas públicas). Preconizou a participação popular para consolidar seu processo político democrático e, para isso, previu instalação e funcionamento de instâncias paritárias (governamental e não governamental) na forma de conselhos de controle social, visando a definição de prioridades e gestão de ações políticas. Os Conselhos de Direitos da Criança e do Adolescente seriam criados nas três esferas do Poder Executivo. Também criou-se um fundo específico para o fomento das ações políticas (Brasil, 2006).

Contudo, essa arquitetura com uma nova lógica de funcionamento encontraria obstáculos que perduram ainda hoje. As dificuldades de implementação da política de atendimento do Estatuto se acumularam em uma realidade que vai desde o desconhecimento e o desrespeito até a predominância de ações autoritárias e repressivas, conforme apontaram Sales e Alencar (1997, p. 42). Na visão dessas autoras, a formulação, a organização e a execução de políticas públicas recaíram em práticas fragmentadas e descontinuadas, assistencialistas, paliativas, desarticuladas e clientelistas das diversas instâncias de poder.

Portanto, ao lado de aspectos considerados conquistas ligadas a uma infância detentora de direitos, como a ampliação da cidadania, a garantia de direitos como foco jurídico-institucional e a presença da sociedade civil na formulação de políticas públicas, juntaram-se alguns outros que foram referidos como obstáculos à política institucional dos direitos da infância. Bastos (1995) descreveu parte desses obstáculos no início da década de 1990: o número reduzido de pessoas envolvidas, a precariedade da infraestrutura para as ações de cidadania, uma falsa relação causal entre violência e pobreza, e o imediatismo presente na demanda por ações de aumento da rigidez repressiva no combate aos "criminosos" (Bastos, 1995, p. 62).

Em relação às possibilidades da Psicologia frente ao Estatuto, encontramos diferentes posicionamentos quando se trata de explicitar expectativas de suas potencialidades. Ao comentar o artigo 2º do Estatuto da Criança e do Adolescente, que estabelece como criança a pessoa até doze anos incompletos e adolescente aquela pessoa entre doze e dezoito anos, Netto salientou que a "expansão" do conhecimento científico sobre a infância e a adolescência teria reiterado a importância dessas etapas da vida na construção de "personalidades sadias". Ressaltou que autores como Arnold Gesell (1880-1961), Freud, Piaget, Claparède, René Zazzo e outros contribuíram decisivamente para a compreensão da singularidade da criança e do adolescente, e que o que hoje sabemos sobre os processos básicos de natureza psicológica dos primeiros anos de vida humana é mais do que suficiente para justificar o valor dessa ciência (Netto, 1996, p. 15). Na sua visão, portanto, haveria segurança suficiente para afirmar as contribuições que a Psicologia oferece à garantia de uma carta de direitos, instrumento legal sensível às necessidades singulares de crianças e adolescentes.

Bonfim, por sua vez, analisou a atuação de psicólogos junto a crianças e adolescentes em comunidades, movimentos sociais e instituições nos anos 1990 e esboçou expectativa contrária. Apontou que, em décadas anteriores a esse momento, já havia a demanda por uma atuação mais elaborada dos profissionais da área, e que a entrada em vigor do Estatuto da Criança e do Adolescente, que a seu ver teria tornado "direito da criança o atendimento psicológico", exigiria do psicólogo novas alternativas de atendimento. Dentre os pontos que a autora assinalou para respaldar sua afirmação, consta a necessidade de conhecimento da realidade, inclusive das formas espontâneas de organização que desenvolvem (crianças e adolescentes) na sua luta pela sobrevivência (Bonfim, 1994, p. 204). Os novos direitos da infância no país colocariam em xeque as práticas psicológicas tão harmonizadas na assistência até aquele momento.

Para além da mãe pouco provedora

Embora os novos direitos estejam carregados de apelos de mudanças no modo de relação cultural com a infância, como se tratasse de um novo contrato social do mundo adulto com o infantil, não se pode supor a efetividade da obrigação de mudança somente pelo enunciado de uma nova lei. Não somente a lei depende da ação que a legitima como, no caso da atual regulamentação da infância, é necessário saber até que ponto ela produz ruptura com as formas anteriores de tratamento, e, por último, em que medida o imperativo da mudança deveria envolver as práticas psicológicas desenvolvidas na assistência.

Já foi dito que a Psicologia encontrou lugar para aplicação de seus conhecimentos na assistência à infância desde a Era Vargas. Do mesmo modo, a profissionalização da Psicologia foi se inserindo nesse campo de atuação, ao longo do período do regime militar, encontrando respaldo até para o zelo de suas práticas privativas. Esses aspectos serviriam, então, como evidências de receptividade, aceitação e legitimidade de ações tais como diagnóstico, orientação, psicoterapia, treinamento e seleção, vistas com tal enraizamento que levariam a uma consolidação do psicólogo na atenção assistencial à infância. Tais considerações devem ser feitas para que não se tome a discussão sobre transformações na atuação profissional ou da atitude política da profissão como parte de um processo histórico inescapável e decorrente de uma suposta evolução da categoria. Se é reconhecida alguma modificação na natureza da prática profissional e/ou na sua postura política, os motivos que animam essas rupturas devem ser questionados.

Contudo, é lícito reconhecer também que essa reflexão é ampla e profunda, devendo, por isso, estar protegida de respostas prontas e reducionistas. Por hora, cabe apontar alguns (possíveis, sempre) caminhos percorridos pela profissão que levariam a corroborar a ideia de mudanças na atuação profissional. O contexto da redemocratização política do país impulsionava o questionamento da atuação junto à infância, de modo que um certo diagnóstico das práticas psicológicas, possível naquele momento, oferecia a direção das modificações almejadas. Xaud (1999) exemplifica esse tipo de análise ao tomar o problema da inserção dos psicólogos nas instituições para adolescentes infratores. A autora afirmou que, na prática fixada em laudos técnicos, o trabalho do psicólogo, ao lado do de outros profissionais, consistiu no "papel de ouvir, mas não deixar falar" os internos, o que configurava uma intervenção sem compromisso e não interessada em mudanças no sistema jurídico. Como já apontado anteriormente, o foco desse tipo de atuação se restringe à criança, ao adolescente, enfim, ao indivíduo tomado como figura abstrata e sem inter-relação com o mundo social. Quando muito, o olhar recai sobre a família do indivíduo, reproduzindo a lógica de responsabilização do grupo familiar para alimentar o ideário de modelos familiares determinados por valores dominantes.

Xaud (1999) salientou a necessidade de "desenvolver uma nova cultura de atendimento, com novas crenças e valores", pelos operadores da rede institucional, em função da promulgação do Estatuto, o que significaria uma análise crítica de suas práticas. A autora concluiu que mudar a cultura de atendimento não se restringiria apenas a mudar o discurso, mas ampliar a permissividade pessoal de rever crenças e valores (Xaud, 1999). Mediante uma nova disposição para olhar as práticas, a crítica de valores e crenças se mostraria mais efetiva no intento de realizar transformações em quesitos profundamente arraigados. Nesse sentido, alimentando novas disposições nos profissionais, além do cenário político do país com intensa mobilização social dos movimentos articulados com as causas dos desfavorecidos e da iminência de uma nova legalidade constitucional que seria obtida com a Carta de 1988, outros fatores convocaram para alterações nas formas de atuação como a contribuição do olhar interdisciplinar, que se fortalecia no âmbito dos saberes psicológicos, e, além disso, a realização de algumas iniciativas acadêmicas. Umas das contribuições interdisciplinares fundamentais para a revisão das práticas psicológicas junto à infância foi a da história. A grande penetração entre os psicólogos do livro *História social da criança e da família*, de Philippe Ariès, de 1962, dá a dimensão da receptividade dos psicólogos que, segundo alguns autores, foi maior do que a dos próprios historiadores (Heywood, 2004; Burke, 1997). Dentre vários nomes da Psicologia brasileira que fizeram uso de contribuições historiográficas para seus estudos sobre a infância, a pesquisadora Irene Rizzini merece destaque, pois seus aportes ultrapassaram os limites da Psicologia, constituindo-se como referência em várias outras áreas do saber como a própria história da infância brasileira, como a das ciências sociais aplicadas e para os estudos em direitos da infância. Rizzini fundou o Centro de Estudos e Pesquisas sobre a Infância (CESPI) na Universidade Santa Úrsula, no Rio de Janeiro em 1984, publicou e ainda publica vários livros sobre história e política da assistência à infância.

Além da historiografia, outra contribuição importante para a Psicologia nessa mudança de enfoque sobre a infância vem da sociologia e da filosofia. Nesse ponto, um debate bem particular deve ser destacado, o do tema da institucionalização. As críticas ao processo de institucionalização ressonavam através das reivindicações das mobilizações sociais contrárias à PNBEM. A circulação acadêmica de noções como "instituições totais" (do livro *Prisões, manicômios e conventos* de Erving Goffman, de 1961), "anti-institucionalização" (presente em *A instituição negada* de Franco Basaglia, de 1968) e de "poder disciplinar" e "biopolítica" (noções que marcaram o pensamento do filósofo Michel Foucault) incrementavam o debate sobre institucionalização entre os profissionais de tal forma que essa discussão modulou, de certo modo, a maneira dos profissionais manifestarem seu questionamento.

A passagem de uma perspectiva psicológica para outra, de fundo mais sociológico em relação aos processos psicológicos da institucionalização, aparece bem delineada no livro *A criança e a FEBEM*, de Marlene Guirado, publicado em 1980. A autora esclarece, logo nas primeiras páginas, que o livro trata de uma mudança da visão puramente psicológica da criança institucionalizada para outra, interessada em interrogar porque certas práticas se estabelecem no funcionamento institucional. Guirado afirma que sua mudança de perspectiva estava relacionada com sua experiência de profissional de psicóloga em um orfanato e depois em uma instituição estadual da política de bem-estar de São Paulo. Sua análise crítica argui o pensamento de etologistas e de psicanalistas sobre o tema da criança institucionalizada, com destaque para suas reflexões sobre os limites do ponto de vista de John Bowlby (1907-1990) no que tange à realidade da criança brasileira tratada aos cuidados da internação na FEBEM.

Para Guirado (1980), o funcionamento da instituição corresponderia muito pouco às condições de relação de apego, características da relação mãe-bebê que a institucionalização deveria suprir. Ao invés disso, a incorporação de um repertório de práticas institucionais que nada tem a ver com acolhimento e tratamento de carências assume duramente lugar naquela suposta "mãe substituta", de tal forma que a autora se viu obrigada a subordinar o trabalho sobre estabelecimento de variáveis ambientais favoráveis à relação com o interno para questionar a constante da institucionalização de crianças pobres na rede assistencial. A evidência de um perfil do interno calcado na pobreza como fator desencadeante da internação desmascarava o caráter ideológico do suposto bem-estar do tratamento dispensado pelo estabelecimento assistencial. Guirado conclui sua crítica apontando a instituição como uma "mãe substituta pouquíssimo provedora" e que caberia ao olhar psicológico indagar sobre aquelas condições de assistência prestada, ao invés de se restringir aos problemas psicológicos da criança (Guirado, 1980, p. 175). O livro de Guirado é de valor inestimável para o exercício da Psicologia na assistência. Dentre outros aspectos a destacar da obra, essa publicação praticamente inaugura um campo de debate inexistente ou raríssimo naquela literatura até então. Outra contribuição reside no fato de que, como já dito antes, em suas páginas encontra-se explícita a mudança de um enfoque puramente psicológico voltado para a criança e para o outro que interpela o funcionamento institucional, tendo ainda, como pano de fundo, um olhar crítico sobre a questão social da infância. Contudo, as conclusões da autora conservariam um teor psicologizante sobre o processo de institucionalização, uma vez que se assenta na metáfora da instituição como mãe (não) provedora, tipo de pensamento próprio à psicologização de fenômenos de natureza mais ampla.

Em outro livro sobre a assistência à infância, a contribuição da abordagem sociológica se faz nitidamente presente. Trata-se de *Infâncias perdidas* de Sonia Altoé, de 1990. A autora anuncia, nas páginas iniciais do livro, seu embasamento na perspectiva da análise institucional, uma microssociologia conforme a visão de um de seus expoentes George Lapassade (1924-2008), para analisar o processo de institucionalização infantil. Sua pesquisa investiga sete internatos assistenciais de uma instituição filantrópica do Rio de Janeiro, fundação na qual a autora atuou como psicóloga durante treze meses e foi demitida a seguir. No texto, a autora descreve o cotidiano de cada uma das unidades daquela fundação, refletindo sobre a prática disciplinar do funcionamento institucional e, ao mesmo tempo, expondo a diferença do olhar em sua inserção como pesquisadora, sem vínculos empregatícios, e sua anterior posição de contratada da instituição.

Para Altoé, os internatos infantis seguiam o modelo das instituições prisionais, das casernas como a autora referiu, oferecendo um precário atendimento que se nivelaria tanto nas instituições pública, como os estabelecimentos da PNBEM, quanto nas instituições filantrópicas (Altoé, 1990, p. 12). O funcionamento dessas entidades era calcado em relações autoritárias para os internos e para seus trabalhadores. Sobre a prática psicológica, a autora aponta, pensando sua própria atuação anterior à pesquisa, a tentativa de se diferenciar em relação às intervenções tradicionais do psicólogo. Sua ação, como referido no texto, procurava perturbar a dinâmica institucional, através de uma proximidade com internos e técnicos que causava estranhamentos na lógica instituída na fundação.

Conforme salienta Altoé, sua postura representava uma quebra nas regras habituais do estabelecimento e partia da constatação de que o sistema de funcionamento institucional não preservava as crianças de suas graves carências. Sua conclusão atesta que, apesar do empenho ideológico da política de bem-estar do menor, a institucionalização não assegurava bom desenvolvimento físico e psicológico das crianças, bem como não realizava formação escolar e profissional que dessem condições dignas para o interno na vida extrainstitucional (Altoé, 1990, p. 267). Para afirmar isso, Altoé não fez recurso a uma psicologização do problema, focando suas discussões e considerações na base teórica da microssociologia que a inspirava.

Ligado à contribuição das relações interdisciplinares, outro aspecto que concorreu para a mudança de perspectiva dos profissionais de Psicologia foi o das atividades acadêmicas na forma de eventos científicos e de publicação de periódicos. Nesse aspecto, o universo é extenso e um estudo exaustivo escapa às possibilidades deste trabalho. Porém, cabe destaque a uma iniciativa ocorrida no ano de 1986 em Fortaleza (CE) pela produção de debate diferenciado que aconteceu no evento e na respectiva publicação dele. Trata-se da realização do I Fórum Cearense de Debates sobre o Menor, organizado naquele ano pelo Núcleo Cearense de Estudos e Pesquisa sobre a Criança (NUCEPEC), apoiado pela Universidade Federal do Ceará e pela fundação de bem-estar estadual. O evento reuniu quinhentos participantes (entre profissionais, estudantes, líderes comunitários e donas de casa) e trouxe conferencistas de várias partes do país.

O evento foi expressivo na ocasião e contou com a participação do representante da direção da FUNABEM na palestra de abertura. Vale (1986), ao tratar do tema "violência e menor", descreveu o que chamou de ciclo perverso da institucionalização, um encadeamento operacional constituído por polícia militar, polícia civil, juizados e órgãos estaduais da PNBEM que traçaria um percurso pautado em uma suposta ressocialização que, na prática, não passaria de um processo de despejo em depósito cuja função última seria a de antessala da prisão.

As diversas falas proferidas no evento foram publicadas na *Revista de Psicologia*, volume 4, número 2, da Universidade Federal do Ceará (UFC) em 1986. A revista, que tem como objetivos promover o intercâmbio de ideias, oferecer textos voltados à realidade nordestina, estimular e divulgar a pesquisa e dinamizar e redimensionar estudos e práticas em Psicologia, meta altamente condizente com o processo em que se encontrava a profissão, publicou um número especial sobre o tema do menor. O editorial informa sobre o interesse em publicar os trabalhos apresentados naquele evento, constando, então, nas páginas da revista artigos tratando das condições do menor e da política assistencial da PNBEM, da história da institucionalização da infância, da história da legislação de menores no Brasil e da relação entre universidade e a questão social da infância. O tom crítico marca todos os textos incluídos naquele número do periódico. Contudo, dois artigos chamam a atenção pela inovação temática que levaram para as páginas de uma publicação de Psicologia, remetendo ao percurso político dos direitos internacionais da infância e dos movimentos sociais, respectivamente.

O primeiro artigo destacado, chamado "A Carta da Declaração dos Direitos da Criança e as Condições de Existência do Menor: uma confrontação", de Elda Maria Rodrigues Carvalho, pesquisadora do NUCEPEC e professora da UFC, faz uma comparação entre os direitos que constam nos dez primeiros artigos da Declaração de 1959 e a realidade social do menor no Brasil. A autora começa apontando que os direitos inscritos na Declaração seriam totalmente transgredidos no país. Para mostrar isso, Carvalho opõe ao texto jurídico de cada artigo tratado dados da realidade psicossocial do menor, obtidos por fontes como pesquisas e literatura especializada, concluindo que a desigualdade e a injustiça social produzem as condições precárias de vida dos menores brasileiros.

A autora reserva ainda algumas críticas à Política de Bem-Estar do Menor, acusando o descaso de autoridades que levariam à manutenção da precariedade das condições de vida daquele segmento da população. Carvalho encerra sua reflexão sustentando que a realização dos direitos da criança esbarraria na questão da disputa pelo poder dos grupos dominantes internos e externos ao país. O texto de Carvalho merece destaque por vários aspectos que envolvem a temática dos direitos da infância, a política em torno deles e a Psicologia como campo que os incorpora em suas discussões. Não seria possível esgotá-los nessas linhas, mas algumas observações podem ser feitas.

Sobre a menção aos direitos internacionais da infância que constam no artigo, a autora parece denunciar em primeiro plano, pela escolha em analisar a Declaração de 1959, a total ausência de relação não somente da PNBEM com aqueles preceitos, mas também do Código de Menores de 1979, igualmente omisso no que tange às garantias internacionais da infância. Deve-se considerar que o debate acerca da omissão à Carta de 1959 era um dos efeitos esperados pela promoção do Ano Internacional da Criança pela ONU, no mesmo ano em que se promulgou o código revisado. Contudo, a pouca ou nenhuma articulação daquela legislação com a declaração internacional mostra que não havia espaços para inovações jurídicas naquele período, que só viriam ocorrer com o Estatuto da Criança e do Adolescente promulgado quatro anos depois do artigo de Carvalho.

Em relação ao aspecto político do texto, nota-se que a intenção de comparar aquela declaração internacional da criança com as condições de existência dos menores, aliando ainda à crítica à PNBEM, não se restringiria apenas a mostrar a ineficácia da política assistencial vigente naquele momento. Incutido na análise da autora estaria a afirmação de que os direitos da infância, ainda que construções sociais eminentemente jurídicas, trazem em seu bojo uma arquitetura política capaz de conflitar com a conformação de poderes instituída em uma dada realidade nacional, de tal forma que ou esses direitos caem omissos nas legislações locais ou adquirem reconhecimento tal que assumem lugar nas políticas assistenciais. Esse é outro aspecto que aguardaria a promulgação do Estatuto.

Um último ponto a ser ressaltado diz respeito à realização desse debate em um periódico de Psicologia, ocorrência incomum naquele momento mesmo considerando o efervescente questionamento da atuação profissional. Muito pouco se sabe sobre o envolvimento de psicólogos com os direitos internacionais da infância e menos ainda sobre os psicólogos brasileiros. Por outro lado, a revista não oferece suficientes informações biográficas dos autores para se analisar a escolha do tema proferido pela professora Elda Carvalho. Mas, tendo em vista o caráter inovador daquela reflexão, é possível considerar a coerência da revista em publicar aqueles artigos com seu próprio objetivo de redimensionar a atuação em Psicologia, através da sua contribuição acadêmica. Só pela presença do artigo de Carvalho aquela edição seria suficientemente diferenciada, mas a publicação de outro texto naquele mesmo número superaria as possibilidades politicamente imaginadas para as questões do menor em uma revista de Psicologia. Na página 65, uma nota da direção da revista informa que o texto seguinte não trazia referência de autoria e que sua estrutura textual, bem como o estilo de escrita, não corresponderiam aos qualitativos de um texto acadêmico. Entretanto, a despeito dessas observações, a publicação sem revisões e na íntegra do que constava naquelas linhas valeria a pena dado o valor político inscrito naquela realização. Tratava-se da apresentação do relatório dos resultados do I Encontro Nacional de Meninos e Meninas de Rua, ocorrido em Brasília naquele mesmo ano. A revista não esclarece como foi obtido aquele material, que articulações puderam levar o texto até suas páginas e que vinculações políticas teria a revista ou os pesquisadores do núcleo de estudos com a realização daquele encontro.

Após reconhecer a importância do evento, cujo ponto forte teria sido a participação de meninos e meninas nas deliberações de um evento político para a infância, a revista apresenta os resultados de cada tema que consta naquele relatório, passando por grupos temáticos tais como educação, trabalho, família, violência, grupos de organização e saúde. A nota da revista ressalta ainda a relevância social do evento em face à omissão da universidade em relação às questões da infância, deixando claro novamente o esforço daquela publicação em redefinir as práticas não apenas profissionais, mas também acadêmicas.

Ao expor integralmente o relatório do evento sem interpor nenhuma consideração nas linhas daquele material, a revista mostra não só o reconhecimento do Encontro Nacional por sua relevância, mas age politicamente de acordo com ideais inovadores da infância, na medida em que dá voz direta aos autores para se manifestar, sem pretender nenhuma tradução academicista dos dizeres daquele grupo. O sentido dessa iniciativa é profundo, toca nas bases adultocêntricas da relação da sociedade com a criança, tida como incapaz de decisões políticas, passa pelo respeito político ao movimento social que se apresenta naquelas páginas sem a intromissão intelectualizada dos acadêmicos e, por último, por ser a revista uma produção do campo da Psicologia, alude à relação do psicólogo como especialista das necessidades da criança, mas subvertendo a relação naquela ocasião, cedeu a palavra à voz dos menores para que tornassem públicas as suas próprias demandas.

As mudanças na Psicologia pontualmente indicadas nesse estudo ocorreram também no âmbito da regulação profissional que, por sua vez, passou a ser um importante elemento impulsionador das transformações. Não bastariam iniciativas isoladas para se consolidar uma mudança estrutural das práticas da profissão. Nesse sentido, as modificações da atuação implicariam no reconhecimento da importância das entidades de representação pelos profissionais, como os Conselhos e os Sindicatos, que deveriam ser fortalecidas pela participação ativa da categoria, pois representam concretamente um espaço político fundamental (Conselho Federal de Psicologia, 1987, p. 4). Essa valorização da dimensão política da profissão e de suas entidades, afirmada como grande diferencial em relação à história pregressa dos psicólogos, e efeito da conjuntura (re)democrática em curso, foi o ponto fundamental das modificações na esfera da regulação profissional, ponto que será abordado a seguir.

Contra a antropofagia econômica

A valorização do plano político na prática do psicólogo passou a pautar a organização da profissão em relação às suas entidades de regulação profissional. A atmosfera de redemocratização nacional fornecia o ambiente desse processo. Esse período foi marcado por grandes mobilizações sociais, como já visto no caso das relacionadas à infância. O discurso de uma nova concepção de entidades da Psicologia, que estivesse voltada para os problemas vividos pela população no ambicionado retorno à democracia, começou a se consolidar na década de 1980. É nesse sentido que os Congressos Nacionais de Psicologia, ponto central da transformação das entidades profissionais, prefigurariam "efeitos de democratização", como um transbordamento da mobilização democrática vivida no país para o âmbito da institucionalização da profissão.

Como elemento de fundo, um diagnóstico geral da profissão, contra o qual a valorização do político reagiria, movia os esforços democráticos: "concentração nos consultórios, atividades pouco diversificadas, formação avaliada como apresentando muitos problemas, pouco valor à pesquisa, mercado estreito, poucos psicólogos no serviço público" (Bock, 1999, p. 109). Esses fatores agravariam, cada um à sua maneira, o ponto chave dos desafios a serem vencidos, que era o distanciamento da categoria em relação à realidade brasileira, condição que precisaria ser modificada, senão abolida, por um modo crítico de pensar a atuação profissional. A mudança no âmbito das entidades partiu, conforme apontou Bock, da entrada de profissionais com tal perspectiva crítica naqueles espaços institucionais: "psicólogos pertencentes a [...] movimentos de resistência a uma Psicologia dominante vão ocupar as entidades representativas da categoria" (Bock, 1999, p. 159). A questão central era que as instituições da regulação profissional da Psicologia ofereciam condições objetivas para avançar na direção de um compromisso maior com a população. Nesse sentido, a organização dos psicólogos em torno de suas entidades favoreceria a inserção deles na reorganização social e política da sociedade brasileira.

A ação de ocupar as entidades de Psicologia foi concomitante à intensificação da participação dos profissionais em movimentos sociais: "ocuparam as entidades, lideraram movimentos da saúde, participaram de movimentos da sociedade civil que reivindicavam melhores condições de vida para a população" (Bock, 1999, p. 160). Envolvimento e compromisso com a melhoria das condições de vida ocorriam, principalmente, através da experiência dos profissionais junto aos movimentos sociais. Porém, não se deve conceber como uniforme e total esse processo de valorização do político. A própria redemocratização do país não se caracterizou somente por avanços nas lutas sociais. Vários entraves conservadores emperraram os anseios de transformações sociais. A derrota dos esforços por eleições diretas para presidente, o aumento da ingerência do mercado financeiro internacional, a recessão crescente e o fortalecimento político das elites durante o processo da Constituinte foram exemplos desses entraves. Ao lado disso, a exposição midiática da corrupção e da impunidade dos envolvidos massificou a descrença na política, nos seus representantes; (reforçou) a crença de que todos os políticos são iguais e que não adianta lutar ou reivindicar (Coimbra, 1995, p. 320). A política como algo a ser valorizado não ocorre sem contradições, sem sua crítica.

No âmbito da Psicologia, uma "maioria silenciosa", nas palavras de Bock, permaneceu (e permanece) fora do processo, à parte do movimento de organização dos psicólogos. Talvez fosse possível notar aqui, em certo sentido, uma recorrência daquela atitude de isolamento manifestado nas primeiras horas da regulamentação da profissão. De certa forma, isso serve para relativizar a visão sobre o processo de mudança em questão, pois, não se trata de um encerramento absoluto das lutas eminentemente corporativas nas entidades, ou do término de um período da categoria voltada apenas para seu umbigo (Bock, 1999, p. 81), mas de observar que novas exigências políticas se colocavam para a ação dos profissionais. Outra justificativa para relativizar as expectativas não corporativistas estaria ligada às preocupações com a ampliação do mercado de trabalho dos psicólogos. Essa questão parece aliar dois aspectos: a extensão dos serviços profissionais a uma clientela historicamente distanciada dos psicólogos, a população pobre; e a reivindicação de espaços no serviço público, que favoreceriam o acesso dessa clientela. O envolvimento com as lutas sociais, que almejavam consolidação de políticas sociais e garantia de cidadania a grupos excluídos, estaria implicado, ao mesmo tempo, com a criação de espaço de trabalho para o psicólogo e com a expansão da assistência psicológica aos desassistidos. Esses aspectos convergem não só para uma ampla reivindicação de políticas públicas, mas para o concomitante reconhecimento do psicólogo como técnico fundamental para o funcionamento delas.

Foi nessa direção que Silva analisou os interesses corporativos dos psicólogos no processo de extensão de serviços que possam atender às necessidades da população, ou seja, na ampliação das políticas sociais. O autor afirmou que o debate sobre essas políticas seria obrigatório para os psicólogos, pois constituiria uma forma estratégica para se enfrentar problemas como o do desemprego e o da remuneração da categoria. Em seu ponto de vista, uma profissão cujo número de desempregados fosse maior que o de empregados perderia seu sentido e passaria a ser uma mera assimilação intelectual de informações específicas.

Silva concluiu, então, que não haveria contradição no que chamou de corporativismo estratégico dos psicólogos, que se voltariam para as necessidades sociais, e as lutas políticas para a ampliação e consolidação de políticas públicas, por um lado, e para medidas que assegurassem a manutenção de abrigo de mercado para sobrevivência da profissão, por outro. Para esclarecer seu argumento, descreveu uma trajetória da profissão e do envolvimento (ou não) dos psicólogos com a realidade social.

Iniciando pelo esgotamento do modelo de atuação que tinha a psicoterapia – na modalidade de consultório privado – como prática principal de prestação de serviços psicológicos no fim dos anos 1980, Silva relatou que o lema "compromisso social" foi adotado como bandeira principal do discurso do Conselho Federal de

Psicologia, para enunciar um projeto de reflexão, pelo psicólogo, que o levasse a se reconhecer como participante de uma sociedade mais ampla com cruéis desigualdades (Silva, 2003b, p. 9-19). Os psicólogos, compromissados socialmente com o enfrentamento das desigualdades sociais no mundo ao redor, deixariam para trás sua própria alienação, tornando-se mais conscientes das contradições de sua história. Sua prestação de serviços, assim pensada, deveria estar voltada para a validação dos direitos do cidadão brasileiro, para o conjunto da população. Mas, concomitantemente, em meio a esse processo de inserção política, poderiam os profissionais tirar sua "casquinha" conquistando garantias de sustentação corporativa para a profissão (Silva, 2003b, p. 19).

Tirar sua "casquinha" significaria, então, resolver problemas do âmbito da "empregabilidade" dos psicólogos, ainda ressentida do enfraquecimento do mercado das psicoterapias e afetada pelo aumento do número de cursos de formação naquele momento. Relacionado a esses aspectos, Silva descreveu o que chama de "antropofagia econômica" produzida pelo campo social da profissão, situação na qual os estudantes e os psicólogos mais jovens seriam os consumidores dos serviços psicológicos, no modelo o-peixão-grande-come-o-menor, dando a conhecer um mercado empobrecido e limitado (Silva, 2003b, p. 14).

De modo geral, a ocupação de espaços na própria organização das entidades de Psicologia pressupunha certa "democratização da profissão", pois a mudança nas práticas da regulação profissional abraçava bandeiras diversas, como a do acesso da população aos serviços prestados por psicólogos, mas consistia também em uma redefinição dos mecanismos de participação dos profissionais nas instâncias decisórias dos rumos da categoria.

Foram os sindicatos de Psicologia, e mais precisamente o de São Paulo, os primeiros espaços de regulação profissional ocupados com essa perspectiva de reorganização dos psicólogos. Em 1980, o sindicato paulista foi dirigido por profissionais que partilhavam dessa visão reformadora (Bock, 1999, p. 80). Seis anos mais tarde foi criada a Federação Nacional dos Psicólogos (Fenapsi) que, como entidade sindical, organizou nacionalmente "as lutas dos sindicatos e associações dos psicólogos" (Bock, 1999, p. 101). Ainda em 1986, essa entidade organizou o I Congresso Nacional dos Psicólogos que poderia ser, talvez, o primeiro evento da profissão feito com essa perspectiva de modificação da profissão.

Entretanto, o "marco importante na categoria" foi o I Congresso Unificado dos Psicólogos, realizado no mês de setembro de 1989. Nele se reuniram 260 psicólogos, incluindo membros das instâncias de regulação profissional: sindicatos e conselhos. Para Bock (1999), dentre os pontos debatidos acirradamente naquele "encontro difícil", o Congresso apontou para a necessidade de revisão da estrutura organizativa dos psicólogos, buscando construir entidades não corporativas, não sem heterogeneidade de posições já que apareceram "concepções corporativas aliadas à luta contra o corporativismo" (Bock, 1999, p. 115).

O impacto das discussões desse evento pôde ser sentido no fato de que as questões acerca da organização da categoria, o corporativismo, as entidades corporativas e sua representatividade passaram para primeiro plano nas publicações do Conselho Federal. O Congresso possibilitou a constatação do pouco acúmulo de questionamentos sobre o papel, a estrutura e o funcionamento dos conselhos, bem como sobre a organização sindical. Desse modo, o propósito de reestruturar os Conselhos, dentro do que Bock (1999) designou reorganização da profissão, se tornou uma das prioridades dos psicólogos nos sete anos seguintes, período no qual ocorreram as primeiras eleições diretas para o Conselho Federal em 1990 e o Encontro das Plenárias da Autarquia em Belo Horizonte, em 1991. Neste último, deliberou-se instaurar um Processo Constituinte da Psicologia em outubro daquele ano (Bock, 1999, p. 115-126).

Contudo, a ideia de compromisso social do psicólogo passaria por um processo de questionamento de seus limites. Segundo Silva, o compromisso social tornou os psicólogos mais conscientes das contradições de sua história e do *status quo*.. Mas, prossegue o autor, "isso não é o suficiente. A consciência que não opera como ação é uma falsa consciência" e, por isso, seria necessário dar um "passo à frente" (Silva, 2003b, p. 23). Esse passo consistiu na adoção da ideia de "protagonismo social da Psicologia", cujo cerne seria o da saída de uma atitude contemplativa em direção a uma outra proativa nos processos de transformação social. Silva definiu que o protagonismo social, superação do compromisso social, seria uma fórmula política, um esforço político de nomeação para comunicar um novo momento da Psicologia, que se estabeleceria como "modo, atitude, ética e forma de os psicólogos enxergarem sua própria profissão" (Silva, 2003b, p. 23). O protagonismo seria, para o autor, o abandono de uma posição histórica de passividade em favor de um engajamento consciente no processo de institucionalização da profissão.

O sentido político desse direcionamento deve ser avaliado o quanto antes, para que se possa saber mais, e de modo seguro, sobre o que se produz na inserção dos psicólogos com seus enfrentamentos no campo social, quando desenvolvem seus compromissos e protagonismos sociais. Na falta dessa análise por vir, é possível reconhecer, a partir desse conjunto de ações registradas, o empenho que as instâncias de regulação profissional da Psicologia tiveram com a valorização do político pelo psicólogo nos últimos anos. Foram diversas as temáticas relacionadas à atuação profissional que receberam o impulso questionador das entidades de Psicologia. A infância, nesse processo, recebeu atenção significativa, pela inserção dos Conselhos de Psicologia nas suas lutas sociais.

Na busca de lugar na realidade mais ampla como agentes de transformação, o destaque inegável deve ser dado à participação das entidades de Psicologia nas lutas sociais do setor da saúde, que se tornou um modelo de grande importância para incursões em outras questões sociais. No caso da saúde, não se tratou de uma inserção anônima da categoria, pois a presença do psicólogo na direção do movimento dos trabalhadores do setor, a ampla divulgação dessa inserção nas publicações das entidades – jornais e revistas – e a representação, por meio das entidades, nos espaços políticos das reformas em saúde – como na 8ª Conferência Nacional de Saúde em 1986 – dão a dimensão do investimento nesse processo (Bock, 1999, p. 81-100). O profundo envolvimento nas lutas da saúde, por sua vez, inspirou o ímpeto dos profissionais em outros setores, como o da educação e o da assistência social. Neste último, a crítica às práticas dos psicólogos junto à infância repercutiu no âmbito da reorganização das entidades de regulação profissional.

A revista *Psicologia: Ciência e Profissão*, como espaço privilegiado das manifestações presentes no percurso da Psicologia brasileira, aparece outra vez como veículo de difusão da tendência crítica da regulação profissional no campo assistencial. Ainda na década de 1980 aparecem as ideias que levariam os psicólogos a incorporar amplamente os discursos de novas formas de atuação. Um exemplo disso pode ser visto no artigo "Menor: o Grande Excluído" da já mencionada Marlene Guirado, publicado na *Revista Psicologia: Ciência e Profissão*, número 1, de 1984. No artigo a autora pretendeu contribuir para que o psicólogo revisse sua prática junto às crianças, fazendo para isso uma análise de vários discursos sobre a infância que tratavam do chamado "menor". Guirado abordou a acepção do termo na linguagem jurídica, popular, dos órgãos administrativos, científica, intelectual e poética, apontando a manutenção da sua condição de excluído. No fim do artigo, teceu uma autocrítica sobre o uso da revista para fazer, "uma vez mais", outro discurso sobre o menor. Vale notar o fato de que a autora, na época dessa publicação, era conselheira regional de Psicologia em São Paulo.

Em 1988, ocorreu outra iniciativa do periódico na temática, com um número especial sobre "os problemas dos menores" da *Revista Psicologia: Ciência e Profissão*, que, segundo Bock (1999), foi entendido como "tema que representa(ria) um assunto catalisador para a categoria e para a sociedade" (Bock, 1999, p. 112). Essa edição trouxe artigos que tratavam de diversos temas sobre a infância como a política de atendimento de menores da FUNABEM, a experiência educativa em meio aberto, a perspectiva de autogoverno (autodeterminação) da infância, a identidade do menor infrator e a instituição judicial. Seu editorial apontou que "a relevância social do [trabalho] depende do fato de essa ação profissional poder efetivamente contribuir para a solução dos grandes problemas" (Conselho Federal de Psicologia, 1988, p. 4) e solicitou que os psicólogos que trabalhassem com o chamado "problema do menor" enviassem ao Conselho relatos sobre suas práticas para que fossem conhecidas por todos os demais profissionais. Em 1993, uma outra edição de *Psicologia: Ciência e Profissão* foi dedicada à infância, mobilizada dessa vez pela ocorrência de episódios de grande violência como o da Chacina da Candelária (Conselho Federal de Psicologia, 1993, p. 3).

As publicações de artigos e números especiais da revista *Psicologia: Ciência e Profissão* não foram as únicas iniciativas na temática da assistência e nem essas iniciativas ficaram restritas às ações do Conselho Federal de Psicologia. Um exemplo disso foi o livro *Prática e paixão:* memórias e mapas no trabalho com a menor-idade de 1992, uma realização do Conselho Regional de Psicologia de São Paulo – 6ª Região. O livro apresentaz a perspectiva da análise institucional atrelada ao pensamento de Gilles Deleuze e de Felix Guattari para pensar a questão da infância. Através da apresentação de debates realizados em dois momentos sobre a política da assistência e a prática do psicólogo, sendo o primeiro em 1989 e o segundo em 1992, ou seja, pouco antes e pouco depois do ECA, os organizadores da publicação, uma comissão daquele Conselho, pretendiam registrar as práticas da assistência, fazendo que o Conselho Regional participasse da produção de conhecimento no campo assistencial.

Participaram dos debates reunidos naquelas páginas a Fundação Estadual de Bem-Estar do Menor de São Paulo, secretarias do menor do Poder Executivo e Varas de Menores. O prefácio da publicação aponta a promulgação do Estatuto como marco para o questionamento das práticas e para a busca de novas estratégias para a questão social da infância. Em relação à Psicologia, tal iniciativa pretendia cooperar com a mudança na postura profissional, na dimensão metodológica e na política do psicólogo (Conselho Regional de Psicologia de São Paulo, 1992, p. 12).

No que tange a publicações, mais recentemente, é digno de nota o lançamento da cartilha *Adolescência e Psicologia: concepções, práticas e reflexões críticas*, de 2002. Essa publicação foi um produto da relação entre o Conselho Federal de Psicologia e o Ministério da Saúde, e teve, como nos diz Barros, o objetivo de suscitar discussões entre os profissionais (Barros, 2003, p. 46), sendo por isso nomeada cartilha, para se diferenciar da ideia diretiva de um livro ou um manual. Tratava-se, sobretudo, da tentativa de elaboração de um material que possibilitasse interlocução e reflexão no campo teórico e das práticas.

As ações dos Conselhos, entretanto, ganhariam diversidade, pois não se restringiriam apenas a publicações e circulação de textos. Outras iniciativas, portanto, foram impulsionadas pelo processo de transformação política das entidades. O Conselho Federal, peça-chave do chamado Sistema Conselhos (conjunto agrupado do Conselho Federal e demais Conselhos Regionais), em uma mostra de agudeza do olhar sobre seu processo de mudanças e da aproximação dos psicólogos ao problema da exclusão social, criou em 1997 a Comissão Nacional dos Direitos Humanos do

Conselho Federal de Psicologia. Essa Comissão tinha como objetivo incentivar a reflexão e o debate sobre direitos humanos na formação, na prática profissional e na pesquisa em Psicologia, através de duas estratégias: organização anual de seminários nacionais sobre o tema Psicologia e direitos humanos e campanhas nacionais em direitos humanos.

Sobre os seminários, Silva comentou que eles geram bibliografia específica que serviria para orientar o debate sobre o tema; em relação às campanhas, o autor apontou que elas buscariam estabelecer um diálogo com a sociedade e com a própria categoria dos psicólogos, bem no sentido proativo que o autor já havia mencionado antes em relação ao protagonismo social da profissão. Em relação à infância, em 2001 foi lançada a campanha "Para nossas crianças, nem cadeia, nem caixão". Seu mote principal era a discussão e a denúncia sobre a morte e o aprisionamento da infância pobre como "forma de gestão e manejo" da sociedade brasileira (Silva, 2003a, p. 59-60). Problemas como a recorrência de práticas institucionais punitivas, a responsabilização do adolescente pela violência urbana e a precariedade de políticas sociais para a juventude surgiram no debate da campanha. A essa altura, já era sentida com bastante intensidade a inserção dos psicólogos no sistema prisional, nas ações de assistência a vítimas de violência e abuso sexual, e no sistema de medidas de liberdade assistida.

O planejamento da campanha contou com a parceria de entidades como o Movimento Nacional de Meninos e Meninas de Rua, conforme esclarece Stumpf (2004, p. 201), mostrando com isso a consecução de parcerias com o movimento social da infância nas práticas da entidade. A aproximação do Conselho Federal de Psicologia com o movimento social da infância iria se consolidar com o tempo, a ponto de, nos dias de hoje, os conselhos de Psicologia lutarem para obter assento no Fórum Nacional de Defesa da Criança e do Adolescente (Fórum DCA) e em vários fóruns estaduais.

Ainda durante o Seminário Nacional de Psicologia e Direitos Humanos de 2001, Campos declarou sua participação como representante do Sindicato dos Psicólogos de Minas Gerais na "Frente de Defesa dos Direitos da Criança e do Adolescente", organização que consiste em um fórum de articulação política de entidades pela defesa dos direitos da infância no interior daquele Estado (Campos, 2004, p. 190). Na mesma ocasião, Teixeira assinalou que o Conselho Regional de Psicologia de São Paulo lançou naquele ano a campanha "O futuro do Brasil não merece cadeia", que tinha como mote a luta contra o rebaixamento da idade penal e a defesa da implementação do Estatuto da Criança e do Adolescente (Teixeira, 2004, p. 211).

A luta contra o rebaixamento da idade penal foi o aspecto pelo qual Vieira (2003, p. 41), psicólogo presidente do Conselho Nacional de Direitos da Criança e do Adolescente (CONANDA), aponta o reconhecimento da parceria política com o Conselho Federal de Psicologia nas questões da infância. Um lugar onde as distintas instâncias dos Conselhos de Direitos da Criança passaram a ser meta de vários Conselhos de Psicologia, entendendo a importância da participação da profissão nas instâncias de proposição de políticas públicas para a assistência. Esse passo marcaria institucionalmente a mudança de posicionamento político dos profissionais de Psicologia, por intermédio de suas entidades, nas questões da infância no Brasil.

Contudo, ficaria incompleta a abordagem desse percurso de transformação da categoria sem tratar da realização dos Congressos Nacionais de Psicologia, elemento fundamental da atual regulação profissional, pois oferece visibilidade exemplar sobre a maneira como os profissionais incorporaram os direcionamentos políticos na Psicologia. A partir da mencionada Constituinte da profissão do início da década de 1990, tomou impulso o processo de reorganização da profissão que em 1994 gerou o I Congresso Nacional da Psicologia, chamado de Congresso Nacional

Constituinte da Psicologia. Naquele momento, as mudanças na esfera dos Conselhos de Psicologia já estavam em curso, fortemente pautadas pela valorização do político na prática do psicólogo. A complexidade institucional que os Conselhos iriam adquirir com sua reorganização seria dada pela incorporação de mecanismos de participação política dos profissionais no direcionamento de suas entidades. Esse talvez tenha sido o maior efeito que os tempos de redemocratização do país tenha incutido na institucionalização da profissão. A seção seguinte está destinada a descrever a trajetória desses eventos e a inserção do tema da assistência à infância neles.

4

A política na Psicologia através dos congressos

Os Congressos Nacionais de Psicologia representam a consolidação do movimento de reorganização da profissão, baseada na valorização do político, no âmbito da regulação profissional pelos conselhos de Psicologia. Respondem ao apelo de democratização do funcionamento institucional da profissão, considerando que democracia havia passado a sinônimo de emancipação política após a ditadura militar. Na visão de Bock (1999, p. 161): "os congressos trazem uma parcela da categoria para a participação nas decisões das entidades", consistindo-se, como dito antes, em um certo "efeito de democratização" da conjuntura do país nas entidades e no direcionamento político da profissão.

No período pesquisado neste estudo, ocorreram cinco congressos: o Congresso Nacional Constituinte da Psicologia, de 1994, em Campos do Jordão, São Paulo; o II Congresso Nacional, de 1996, em Belo Horizonte, Minas Gerais; o III, de 1998, em Florianópolis, Santa Catarina. Após os dois primeiros bienais, os congressos passaram a ser realizados com intervalos de três anos. Assim, o IV, de 2001, foi em Brasília, Distrito Federal, e o V, de 2004, ocorreu também em Brasília, Distrito Federal. Esse mesmo período de duração passou a ser o de gestão das Plenárias nos conselhos de Psicologia.

Para proceder à narrativa dos Congressos Nacionais de Psicologia, a apresentação de sua concepção, de seu funcionamento e de sua produção foram usados os seguintes documentos gerados pelos congressos: cadernos de teses e cadernos de deliberações. Quanto ao uso desses documentos, o sistema de referência textual aplicado foi o de que informações extraídas do caderno de teses do Congresso de 1994 tornou-se caderno 1; o do caderno do II Congresso, caderno 2 e assim sucessivamente. Procedimento semelhante foi aplicado aos cadernos e relatórios de deliberações dos Congressos, sendo: relatório do Congresso de 1994 – deliberações 1; caderno de deliberações do II Congresso – deliberações 2, e assim sucessivamente.

O funcionamento dos congressos

Os Congressos Nacionais de Psicologia tornaram-se espaço privilegiado para a discussão dos princípios diretores da profissão e até mesmo da formação em Psicologia. Sua definição é a de instância máxima de deliberação dos Conselhos de Psicologia. Trata-se, então, de uma organização na qual os psicólogos se reúnem para gerar a pauta de ações destas entidades nas questões internas à profissão e no campo social.

Os objetivos desse tipo de evento são: promover a organização e a mobilização dos psicólogos do país, para o desenvolvimento da Psicologia como ciência e profissão; garantir o espaço de articulação para composição, inscrição e apresentação de chapas que concorrerão ao mandato do Conselho Federal de Psicologia; e definir políticas nacionais referentes aos temas do congresso a serem implementadas e/ou reguladas pelos Conselhos. Os Congressos Nacionais são organizados pela união dos Plenários do Conselho Federal e dos Regionais de Psicologia chamada Assembleia das Políticas Administrativa e Financeira (APAF), instância hierárquica situada abaixo dos Congressos Nacionais. A APAF nomeia a comissão organizadora do congresso, encarregada de acompanhar a preparação, realizar o congresso e resolver questões não previstas nos regimentos do evento.

A realização dos últimos Congressos Nacionais, segundo seus regimentos, passou por cinco fases distintas que, por sua vez, subdividiram-se em etapas. Na primeira fase ocorreram as etapas: mobilização da profissão através de eventos preparatórios locais, discussões de base e encontros temáticos com objetivo de levantamento de questões e propostas para a etapa ulterior; pré-congressos, por áreas geográficas determinadas pelos Conselhos Regionais, com ampla participação dos psicólogos e representação para eleição de delegados para os congressos regionais (usando, para isso, critério de proporcionalidade de apoio obtido por candidato), aprovação de teses locais para o congresso nacional (aplicando-se um critério de, pelo menos, 20% dos votos dos psicólogos presentes) e deliberações sobre proposições de âmbito regional visando o respectivo congresso; encaminhamento das teses aprovadas para a comissão organizadora nacional. Só podem ser delegados nos congressos regionais e nacional psicólogos adimplentes inscritos nos respectivos conselhos.

A participação dos psicólogos, que começa aberta nas etapas locais, passa a ser submetida, nas fases seguintes, a um critério de representatividade em relação ao número de psicólogos na região (cujo cálculo é feito tomando a "população" de profissionais) e em relação ao número de participantes nas etapas locais (cujo cálculo é feito a partir da participação dos profissionais). Esse cálculo estabelece uma base fixa de oito delegados por cada região, acrescentando um delegado para cada dois mil ou fração acima de mil inscritos no conselho regional; e mais um delegado, até o máximo de quatro, a cada 25% a mais do que o quorum mínimo de psicólogos presentes ao congresso regional.

A segunda fase é a de sistematização de teses pela comissão organizadora nacional, que encaminha, ao final desse trabalho, o resultado às comissões organizadoras dos congressos regionais. Na terceira fase realizam-se os Congressos Regionais de Psicologia, nos quais constam: eleição dos delegados dos congressos nacionais pelo critério de proporcionalidade do apoio ao candidato, encaminhamento das teses aprovadas e documentos respectivos à comissão organizadora nacional. A quarta fase consiste na sistematização de teses aprovadas nos congressos regionais, encaminhamento dos delegados do congresso nacional e recebimento de recursos, impugnações de delegados e definição de convidados. A quinta fase é a de realização do Congresso Nacional de Psicologia. Seus resultados, após sistematização e aprovação da mesa diretora do Congresso, são encaminhados ao Conselho Federal para divulgação. A APAF subsequente ao evento deve debater os encaminhamentos das deliberações (Conselho Federal de Psicologia, 2001, p. 13-14).

O principal procedimento do Congresso Nacional é o de aprovação de teses em plenária, após sua discussão e votação. Esse procedimento é intercalado, conforme programação aprovada, com o de distribuição de delegados em grupos de trabalhos temáticos. Nesses espaços são debatidas as teses. Mas o que são as teses?

As teses são as proposições políticas elaboradas pelos profissionais nas etapas locais de evento. Elas consistem na manifestação do psicólogo às instâncias de regulação e trazem expectativa de sua devida efetivação, são demandas reivindicatórias de ação institucional condizente. São, nesse sentido, ferramentas que expressam a "fala" do profissional, um espaço para o surgimento de sua voz, no interior da regulação profissional. Apesar de algumas variações ao longo dos congressos, em geral são estruturadas com os seguintes itens: problema (demanda), proposta (proposição) e encaminhamento (solução/sugestão).

Conforme o modo de sistematização usado em cada congresso, recebem número, são referenciadas por eixos temáticos, por títulos (menos no IV Congresso) e por Conselho Regional (nos três primeiros congressos), além de data de cadastramento em sistema *on-line* (último congresso). Os resultados da apreciação de uma tese são: aprovada sem alterações, aprovada com alterações, rejeitada e não apreciada.

A organização dos cadernos de teses dos congressos nacionais, em geral, segue a dos cadernos dos congressos regionais, obedecendo à sequência dos temas e mantendo a numeração das teses. Os textos das teses nos cadernos variam, como no caso do Caderno IV, cuja parte "situação a ser modificada" – que corresponderia a apresentação do problema e que constava no caderno de teses dos congressos regionais – foi retirada na sistematização das teses. Além de capa e texto de apresentação, os cadernos podem trazer outros documentos como: informes aos delegados (Caderno IV), informes às comissões organizadoras regionais (Caderno V), quadro de situação das teses, regimentos do congresso e informações sobre o processo de sistematização. Também encontramos o uso de índices (um ou mais) para organizar a encadernação (Caderno I e Caderno II).

A leitura integral dos "cadernos de teses" serviu para conhecer os documentos, realizar sua descrição e identificar as teses referidas à assistência à infância. Através da leitura foi possível estabelecer, como critério para eleger teses como referentes à infância, a presença, no texto, de palavras e/ou termos que evidenciassem os problemas ou o atendimento às questões da infância: como tema geral da proposição, como objetivo principal ou apenas um dos objetivos, parte do problema tratado ou mesmo como elemento secundário, meramente mencionado na argumentação da tese. Também foram selecionadas as teses em que a referência à política assistencial apareceu apenas em encaminhamentos.

As palavras e termos presentes nas teses, que serviram como referência para sua seleção, foram:

1) fenômenos sociais ligados à infância e/ou à adolescência, isto é, situações específicas: "adolescente(s) em conflito com a lei", "adolescente(s) infrator(es)", "criança(s) de rua", "mortalidade infantil", "prostituição infantil", "trabalho infantil".
2) condição jurídica da infância, ou seja, aos direitos da infância em geral, à legislação do país em vigor ou mesmo à legislação anterior: "direitos da criança e do adolescente"/"direitos da infância", "Estatuto da Criança e do Adolescente", "ECA", "menor".
3) órgãos e programas específicos da política de atendimento à infância: "conselho tutelar", "conselho de direitos", "creche", "FEBEM", "Movimento Nacional de Meninos e Meninas de Rua", "orfanato", "PETI (Programa de Erradicação do Trabalho Infantil)", Programa Social "Agente Jovem", Programa Social "Sentinela", "varas da infância e juventude", "varas" de infância.

O processo de sistematização de teses feito pelos Congressos Nacionais de Psicologia é decisivo para a organização e participação da profissão nos congressos. É um processo complexo que, como uma espinha dorsal, atravessa todo o percurso, desde as fases locais. Possui momentos participativos, nos quais os psicólogos atuam diretamente sistematizando teses – o que não seria a apreciação das teses nos congressos, em seus grupos de trabalho e plenárias, senão um tipo de sistematização? – e outros exclusivos da organização dos congressos, nos quais agem a Comissão Organizadora e o Conselho Federal para a confecção dos cadernos e trabalhos operacionais de organização, por exemplo. O tratamento do texto das teses na sistematização, dentre os procedimentos exclusivos dos Congressos, deve facilitar a funcionalidade do processo. Em função do processo de tratamento dos textos, o significado de sistematização de teses, no Caderno

5, é apresentado como resultado da junção de várias teses. Neste Caderno consta a afirmação de que foi usado, como critério de agrupamento de teses, a garantia de que "diretrizes" e "encaminhamentos" fossem contemplados e que, portanto, o conteúdo seria garantido no produto da sistematização. No Caderno 3, há uma informação de que a sistematização buscou deixar as teses e suas propostas de alterações "mais amplas", ou que incluíssem as "ideias básicas das propostas em um só texto" (sic). Quando não foi possível, o texto da tese trouxe as diversas propostas de alteração. No Caderno 4, encontramos a informação de que alterações ortográficas ou de ajuste de texto foram "absorvidas pelo texto original". No último congresso, foi utilizado o Sistema de Cadastramento de Teses (SICATES), sistema informatizado em rede, instalado nos conselhos de Psicologia.

A sistematização de teses é um processo de alta importância que, todavia, passou por diferentes formas em cada congresso. Evidencia que o tratamento da palavra do psicólogo sofreu mudanças e que, por sua vez, o próprio processo vem sofrendo mudanças ao longo da realização dos congressos nacionais. O Caderno 1 pareceu reproduzir totalmente o texto das teses, embora seja organizado através de títulos, criados para fim de ordenamento do documento. Por mais discreta que tenha sido a sistematização, não convém entendê-la, entretanto, como transcrição de teses, principalmente a partir do II Congresso, cujo caderno tem uma estrutura diferenciada na exposição das teses (na forma de tabelas), mas como parte fundamental da tecnologia de realização dos congressos.

A aprovação de uma tese em Plenário dos Congressos Nacionais de Psicologia torna-a uma diretriz política para a profissão a ser implementada pelas gestões dos Conselhos de Psicologia, conforme seu âmbito de competência federal ou regional. Proporcionalmente, ocorre o mesmo em relação às teses regionais aprovadas pelos Plenários finais dos Congressos Regionais de Psicologia. As deliberações, conforme dito anteriormente, constituem o resultado de consensos e legitimações produzidas no confronto de diversas aspirações dos profissionais. Com o direcionamento da categoria aprovado por Plenários desses Congressos, constrói-se a base da ação dos Conselhos de Psicologia. Como dito, após esta fase a comissão organizadora e o Conselho Federal elaboram o caderno síntese de diretrizes do evento, chamado caderno de deliberações. Além da síntese das teses aprovadas, os cadernos de deliberações podem trazer em sua estrutura texto de apresentação, esclarecimentos, resoluções (Deliberações I), moções aprovadas e recomendações.

Os cadernos de deliberação têm, em geral, apresentação sintética dos resultados, o que, segundo consta em Deliberações 4, facilitaria a circulação ampla do caderno. Esses cadernos têm páginas numeradas. As teses, por sua vez, ao se tornarem deliberações, perdem sua numeração. Os cadernos trazem ainda sumários, que expõem a organização segundo os eixos, subeixos e temas do congresso, e sua organização segue a adotada nos cadernos de teses. A versão completa das deliberações e a ata do congresso ficam arquivadas nos Conselhos Regionais. Em Deliberações 5, encontramos uma definição do caderno de deliberações a partir de duas finalidades: meio de acompanhamento do cumprimento dos anseios da profissão pelos conselhos de Psicologia e base para o questionamento de ações visando o aprimoramento dos próximos congressos e gestões dos conselhos.

As moções de apoio ou repúdio consistem em manifestos aprovados pelas plenárias dos Congressos, que versam sobre assuntos variados: amplas lutas políticas, questões particulares e pontuais, grandes eventos políticos que mobilizam os participantes ou mesmo a inauguração de um conselho regional. Pelas moções percebe-se que os congressos nacionais não estão a salvo de críticas e manifestações. Em mais de um congresso foram encontradas moções apontando problemas na realização desses eventos. Nenhuma, porém, foi contrária à realização propriamente.

Algumas moções tratam de questões da infância, como se verá a seguir.

Narrativa dos congressos e propostas para a infância

Um relato extenso sobre os congressos foge aos objetivos deste trabalho. Por isso, serão apresentados alguns dados de cada evento, suas deliberações e o conjunto de teses sobre a assistência à infância do respectivo congresso. O primeiro congresso foi o Congresso Nacional Constituinte da Psicologia, de 1994, ocorrido em Campos do Jordão, São Paulo. Para Bock (1999), por conta desse evento, a categoria teria dado uma nova qualidade a suas reflexões, pensando mais profundamente as consequências de sua ação reorganizadora. A autora acrescentou que ele favoreceu a busca de uma prática na qual o psicólogo poderia contribuir com a melhoria das condições de vida na realidade brasileira (Bock, 1999, p. 145). Esse congresso caracterizou-se como fase de transição para uma nova organização das entidades de Psicologia. Decorreu da instalação de um Fórum de Entidades de Psicologia que atuou no processo de mudanças. Conforme o Documento 001/94, que consta em Deliberações 1, as atribuições do Fórum foram de articular e acompanhar a execução da política nacional nas regiões do país e realizar as tarefas que lhe foram conferidas pelo Congresso Nacional de Psicologia. Segundo esse documento do Fórum, a transição terminaria na realização do II Congresso Nacional em 1996.

Nessa transição houve "mandato tampão" para o Conselho Federal (chamado na ocasião de Conselho Nacional de Psicologia) no ano de 1995 e "mandato transitório" na entidade entre 1996 e 1998, quando passaria a ocorrer eleições gerais para todos os Conselhos de Psicologia. Conforme esclareceu Deliberações I, houve a mudança da denominação de Congresso Nacional Constituinte

115

da Psicologia para I Congresso Nacional da Psicologia (Conselho Federal e Conselhos Regionais de Psicologia, 1994b, p. 29).

O Congresso Nacional Constituinte da Psicologia teve como eixos temáticos: "entidades de Psicologia e organização política", "exercício profissional" e "formação profissional". No primeiro eixo temático, foi aprovada a estrutura hierárquica administrativa dos conselhos de Psicologia que funciona até o momento. Em ordem decrescente de poder, as instâncias são:

- **Congresso Nacional** (instância máxima de caráter deliberativo; responsável por estabelecer diretrizes/plano de ação para a atuação da entidade nacional com periodicidade de 3 anos.
- **Fórum de Entidades** (responsável por articular e acompanhar as execuções regionais das deliberações do Congresso Nacional. Reúne-se a cada 6 meses).
- **Conselho Nacional** (instância de caráter executivo deliberativo, no âmbito de suas atribuições).
- **Congressos Regionais** (cada congresso será realizado no mínimo uma vez a cada três anos, como instância máxima de deliberação das diretrizes e planos regionais, garantindo-se a mais ampla e democrática expressão da categoria).
- **Conselhos Regionais** (que seja mantida a denominação dos conselhos regionais até o próximo congresso tendo como meta alcançar uma entidade por estado, garantindo a viabilidade econômica, garantindo no âmbito destas estruturas, unidades de caráter local). (Conselho Federal e Conselhos Regionais de Psicologia, 1994b, p. 10)

Atualmente o Fórum de Entidades mencionado acima é a APAF e o Conselho Nacional consiste no Conselho Federal de Psicologia. O I Congresso Nacional de Psicologia debateu um total aproximado de 550 teses. Estas variam visivelmente de tamanho, desde poucas linhas a longos textos. O eixo temático "formação" teve 178 teses; para o eixo "exercício profissional" foram 150; e o eixo "entidades e organização política" contou com mais de 222. Os subtemas do eixo "formação" foram: cursos de Psicologia (que trazia a categoria "currículo/avaliação"), estágios, critérios para professor e supervisor, extensão na formação acadêmica, formação acadêmica e psicoterapia/orientação, parceria entre universidade e Conselhos de Psicologia, avaliação psicológica, mudanças na legislação referente à formação, ciência e Psicologia e princípios genéricos. Os subtemas do eixo "exercício profissional" foram: exames psicotécnicos/laudos, educação, Psicologia do trânsito, honorários/salários, psicoterapia, código de ética, justiça, MERCOSUL, organizacional/trabalho, saúde, genéricos (Conselho Federal e Conselhos Regionais de Psicologia, 1994a).

Deliberações I apresentou um conjunto de teses não votadas, referentes aos seguintes temas: legislação (essas teses se referem à educação, psicoterapia, justiça, atestados de saúde e genéricos), formação (teses que se referem à participação do conselho em currículos, discussão ampla para controle da qualidade da formação, revisão de currículo) e ética (teses sobre a aprovação de um fórum de ética) (Conselho Federal e Conselhos Regionais de Psicologia, 1994b, p. 32-43).

Um conjunto de menções, quase totalmente corporativista, foi apresentado à plenária do congresso, quais sejam: proposta de ampliação dos mercados de trabalho profissional psicólogo (*sic*) mediante a obrigatoriedade de contratação deste em instituições públicas e privadas, em especial nas áreas de educação e saúde mediante a instituição de uma lei que assim o determine; estadualização dos Conselhos: novos paradigmas; criação de delegados regionais e/ou escritórios regionais; criação de vagas para psicólogos na rede pública; psicoterapia como área exclusiva de psicólogos e médicos psiquiatras; atribuições do psicólogo organizacional. Deliberações 1 trouxe uma recomendação de coibição do uso de avaliação psicológica como critério de exclusão de alunos em entidades formadoras. O caderno apresentou ainda um manifesto da entidade nacional de estudantes de Psicologia, o Conselho Nacional de Estudantes de Psicologia (CONEP), contrário à participação dos alunos sem direito a voz e voto nos Congressos da Psicologia.

Em relação à assistência à infância, o I Congresso aprovou três deliberações. No eixo "exercício profissional", o Congresso decidiu que o Conselho de Psicologia deveria pautar sua ação na participação da categoria na definição de políticas públicas da infância e adolescência; que o Conselho deveria se articular com demais Conselhos representativos da sociedade para discutir e auxiliar na formação, na implementação e na avaliação de políticas sociais que interessem à maioria da população e que apontem para a melhoria das condições de vida (por exemplo, Conselhos de saúde, de educação, da criança e do adolescente, do desenvolvimento comunitário etc.), no sentido de dar cumprimento ao que preconiza o Estatuto da Criança e do Adolescente, propondo a definição de mecanismos de acompanhamento para suas efetivas aplicações e sua divulgação; e por último que os Conselhos deveriam redefinir e legitimar o papel e promover a inserção do psicólogo em instituições "informais" como Conselhos Tutelares e centros comunitários.

As teses que trataram da assistência à infância foram: tese 59 (que trata da participação dos psicólogos na definição de políticas públicas da infância e adolescência); tese 66 (que trata do cumprimento ao que preconiza o ECA); tese 82 (que trata de propor fiscalização dos Conselhos de Psicologia pelos movimentos sociais); tese 145 (que trata da inclusão de assessoria a orfanatos na Lei 5766/71); tese 185 (que trata dos psicólogos nos Conselhos da Criança e do Adolescente) e tese 186 (que trata da indicação de representantes da categoria pelos Conselhos Regionais de Psicologia para os Conselhos da Criança).

O II Congresso Nacional da Psicologia ocorreu no ano de 1996, em Belo Horizonte (MG). Marcou o fim do Processo Constituinte, transição para o atual sistema de organização da profissão pelas entidades de Psicologia. Em Deliberações II, a preocupação com a continuidade das mudanças que constam no conjunto das deliberações do I Congresso Nacional da Psicologia foram ressaltadas: "o II Congresso [...] também se tornou o palco de apresentação das duas chapas que concorrerão ao mandato do Conselho Federal de Psicologia de 97/98, conforme deliberação tomada no I CNP". As eleições do Conselho Federal durante o Congresso marcaram a efetivação das transformações administrativas por meio destes eventos.

O Congresso teve como eixos temáticos: "formação", com discussões sobre estágios e novos cursos; "exercício profissional", tratando da avaliação psicológica e práticas alternativas; e propostas de modificações das Leis 4119/62, de criação da profissão e 5766/71, que regulamenta a profissão e cria suas entidades de classe. Foram quarenta teses levadas à apreciação no eixo "formação" e 56 teses no eixo "exercício profissional". No eixo "legislações", as teses foram apresentadas na forma de "anteprojetos de lei" ou de sínteses de posicionamentos dos congressos regionais de Psicologia (extrato de ata, carta declaratória ou proposta de mudanças em artigos). Encontramos uma tese por cada conselho regional, havendo casos de conselhos que não enviaram proposta para uma ou para outra lei. Assim, houve onze propostas para a Lei 4.119/62 e 12 para a Lei 5.766/71.

O Caderno 2 trouxe, ao final, uma parte chamada "fora do temário", com teses de diversos Conselhos Regionais, tratando de temas variados. Não constam mais explicações sobre essa parte do caderno. Estimamos aproximadamente 46 teses tidas como "fora do temário". Não há índices ou sistematização dessas teses apresentadas na íntegra. Não há numeração, apenas consta a identificação por procedência de Conselho Regional, situação que dificulta a contagem exata. Quanto à Lei 5766/71, o caderno apresentou o texto substitutivo aprovado neste Congresso, esclarecendo que a adequada finalização do texto de alteração da lei ficaria a cargo de assessoria competente. Constam alterações sobre: finalidades do Conselho Federal, caracterização do Conselho Federal, instâncias deliberativas (já constando a instância APAF), Conselhos Regionais, exercício profissional e inscrição, fiscalização e infrações e eleições. Sobre a Lei 4119/62, conforme decisão do I Congresso Nacional, esse segundo evento trataria das (possíveis) demandas de modificações na lei da profissão, que, então, seriam enviadas às instâncias legislativas do poder público para procederem aos atos de regulamentação vigentes no país. Entretanto, uma importante questão marcou a decisão final de não encaminhar propostas de alteração para o Poder Legislativo. Essa iniciativa foi perpassada, ameaçadoramente, pelo debate sobre reforma da educação, focado no Projeto de Lei de Diretrizes e Bases da Educação em discussão naquela ocasião, que trazia a questão da desregulamentação das profissões em seu bojo, grande perigo para as garantias profissionais regulamentadas.

Esse debate afetou as propostas para a Lei 4.119, que consistiram, na verdade, em posicionamentos dos psicólogos, mediante seus Conselhos Regionais, sobre o problema. Nesse sentido, suspeitas de forte tendência à desregulamentação das profissões e de proteção de umas poucas privilegiadas (medicina, advocacia, engenharia e enfermagem) foram levantadas contra o Legislativo. O II Congresso entendeu como arriscado o momento no Legislativo nacional e decidiu não enviar as propostas: "o II CNP decide não encaminhar as propostas de alteração da Lei 4.119/62 [...]. As propostas existentes deverão ser submetidas posteriormente para Fóruns de discussão" (Conselho Federal de Psicologia, 1996a, p. 3, 1996b, p. 20).

As moções aprovadas trataram de: protesto contra as condições físicas das instalações de um grupo temático do congresso; apoio à criação do Conselho Regional de Psicologia de Alagoas; e proposta para modificações no regime de proporcionalidade do número de delegados nas votações em plenária dos congressos nacionais, entre outras. Não houve aprovação de diretrizes para a infância nesse congresso. Uma única tese, sem numeração, foi apresentada a esse evento tratando da assistência à infância ao apontar a necessidade de difusão entre os novos psicólogos dos preceitos do Estatuto da Criança e do Adolescente.

O III Congresso Nacional de Psicologia, realizado em 1998, em Florianópolis, Santa Catarina, teve como eixos os temas "globalização", "interfaces" e "políticas públicas". Segundo consta no Caderno III, o congresso tratou de 204 teses distribuídas entre os três temas. O texto das teses no caderno foi sistematizado de modo a reunir as sugestões em um único texto. Um quadro geral das teses mostrou que outras 73 teses foram rejeitadas em fases anteriores, seja por não contemplarem o critério de aprovação em pelo menos cinco Congressos Regionais, seja pelo outro critério de aprovação em menos que cinco Congressos Regionais. Conforme o documento, o tema da "globalização" buscou tratar sobre globalização e suas repercussões na profissão para gerar estratégias de ação; o tema "interfaces" foi relacionado à profissão e suas interfaces visando diretrizes para a ação dos conselhos profissionais; já "Políticas Públicas" se referia à Psicologia e os movimentos estratégicos para a intervenção dos conselhos profissionais nas políticas públicas. Cabe notar que a partir desse congresso, políticas públicas passaria a ser tema ou subtema em todos os eventos deste gênero.

No eixo "Políticas Públicas" foram aprovadas diretrizes em: políticas públicas em geral, direitos humanos e cidadania, educação, saúde, articulação com entidades e sociedades, direito ao acesso ao serviço de Psicologia, criação de espaços para a formulação de políticas, estímulo à inserção do psicólogo em espaços políticos, formação do psicólogo, qualificação dos psicólogos para intervir nas políticas e condições de trabalho. Houve a aprovação de moções de apoio à regulamentação da jornada de trabalho e piso salarial do psicólogo, à organização de creches nos congressos nacionais e regionais de Psicologia, à realização em Maceió/AL do próximo congresso nacional, à criação do Conselho Regional de Psicologia do Espírito Santo, à representação setorial do conselho regional em Foz do Iguaçu, Paraná, CRP08, entre outras. Igualmente, houve aprovação de moção de repúdio à regulamentação da psicopedagogia e ao projeto de lei de regulamentação da psicopedagogia. Ainda nos protestos sobre regulamentação profissional, houve uma moção contrária à Lei 9.649/98, que torna os Conselhos de natureza privada, contrariando princípios constitucionais que revogaria a condição de autarquia federal das entidades.

Outro conjunto de moções, de repúdio quase todas, incidiu diretamente sobre a prática dos congressos e, portanto, esse modo de regulação da profissão. Uma moção propôs que os eventos recebessem maior cuidado na elaboração do caderno de teses; no trabalho de sistematização; que a análise de conjuntura e da gestão do CFP fosse inserida como início dos trabalhos e que as moções fossem conhecidas no início dos trabalhos. Outro protesto contra a forma e organização do III Congresso Nacional de Psicologia ressaltou os seguintes pontos em sua crítica: temário muito amplo, necessidade de uniformização das teses, necessidade de ampliar o prazo dos Pré-Congressos para qualificar as discussões e auxiliar na organização da categoria; estabelecimento de critérios para eleição de delegados nos Pré-Congressos. Outra moção de protesto desse congresso criticou a decisão de redução das delegações de regionais maiores à Assembleia das Políticas Administrativas e Financeira (APAF), alegando exclusão por empobrecimento da representatividade da região e incentivo para disputas entre conselhos regionais "pequenos" x "grandes".

O III Congresso Nacional aprovou sete diretrizes para a atenção à infância, todas no eixo "Políticas Públicas": participação efetiva nos Fóruns que tratam em nível nacional e regional de temas relativos à pobreza, prostituição infantil, trabalho infantil; respeito aos direitos das crianças e dos adolescentes, se posicionando ostensivamente contra toda e qualquer exploração infantil, garantindo o cumprimento do ECA; defesa da educação infantil para garantir que seja função e obrigação do Estado oferecer educação gratuita e de qualidade às crianças de zeroa seis anos e não apenas o ensino fundamental, conforme Estatuto da Criança e do Adolescente; fortalecimento das políticas públicas no campo da educação, saúde, assistência social, em defesa do Sistema Único de Saúde (SUS), da Lei Orgânica da Assistência Social (LOAS) e do Estatuto da Criança e do Adolescente (ECA); criação de espaços para formulação de políticas nos conselhos de Psicologia (Conselho Federal de Psicologia, 1998b, p. 23-29).

Em relação às teses para a assistência à infância, foram apresentadas as seguintes proposições: tese 93 – fortalecimento das políticas públicas do ECA; tese 97 – qualificação dos psicólogos para intervir nas políticas; tese 156 – defesa da educação infantil; teses 161/162/167 – participação em fóruns temáticos sobre pobreza, prostituição infantil, trabalho infantil; tese 163 – respeito aos direitos da criança e dos adolescentes; tese 174 – fórum de debates para discutir intervenção da Psicologia nas políticas públicas e a tese 217 – Conselho Tutelar e a importância de profissionais de Psicologia. As teses 82, 71/76 e 115 reivindicam o Conselho de Psicologia nos Conselhos de Controle Social (Conselho Federal de Psicologia, 1998a).

O IV Congresso Nacional de Psicologia, ocorrido no ano de 2001 em Brasília, Distrito Federal, teve como tema geral "Qualidade, ética e cidadania na prestação de serviços: construindo o compromisso social da Psicologia", referido como tema unificador do conjunto de propostas enviadas; não constam explicações sobre como se chegou a essa definição. Como eixos do evento, constam: "profissão", "direitos humanos", "políticas públicas", "conselhos de Psicologia" e "formação". Consta no Caderno IV a ocorrência de vários eventos regionais (pré-congressos e congressos regionais) que precederam o congresso, não esclarecendo, contudo, o total. O IV Congresso reuniu 197 delegados dos quinze Conselhos Regionais de Psicologia. No entanto, a previsão de participantes pelo critério de cálculo usual dos congressos totalizava 182 psicólogos. A organização do Congresso hospedou os participantes em um mesmo local e realizou seus trabalhos no *campus* da Universidade de Brasília.

O evento de abertura, em uma das seções da Câmara Federal, foi uma manifestação dos psicólogos contra os projetos de lei pela redução da idade penal no país. Em relação aos trabalhos no congresso, foram organizados nove grupos temáticos com a seguinte distribuição de temas e subtemas: grupo 1 – políticas públicas e Psicologia Social; grupo 2 – estrutura e funcionamento, práticas emergentes, educação e especialistas; grupo 3 – formação e projeto história; grupo 4 – papel social e Psicologia: ciência e profissão; grupo 5 – condições de trabalho e esporte; grupo 6 – ética, direitos humanos, interfaces e fiscalização; grupo 7 – trânsito e trabalho; grupo 8 – saúde, terceiro setor e relações internacionais; e grupo 9 – divulgação, avaliação psicológica e Psicologia jurídica. Das 279 teses encaminhadas para apreciação pelos pré-congressos, 62 foram rejeitadas em fases anteriores e cinco foram reenviadas. A Plenária do IV Congresso apreciou 222 teses, ficando cada grupo de trabalho aproximadamente com 22 delegados e entre 23 e 26 teses. Os Conselhos Regionais distribuiriam os delegados conforme os grupos, mas a comissão organizadora tinha a prerrogativa de alteração da composição daqueles em caso de excesso de delegados em determinados grupos.

O Congresso aprovou deliberações sobre: avaliação psicológica, condições de trabalho, educação, esporte, Psicologia: ciência e profissão, Psicologia jurídica, saúde, terceiro setor, trabalho e trânsito, direitos humanos, políticas públicas (saúde, idosos, criança, adolescente e família, educação, controle social, mulher, segurança pública, reforma psiquiátrica, e formação e papel social do psicólogo), Conselhos de Psicologia (divulgação da Psicologia, ética profissional, estrutura e funcionamento, fiscalização da profissão, papel social dos Conselhos, projeto história, especialistas e relações internacionais e institucionais) e formação. Entre as moções aprovadas constam os temas descentralização/interiorização da Psicologia e de repúdio contra a redução da idade penal (Conselho Federal de Psicologia, 2001b, p. 7-56).

Em relação à infância, foram aprovadas as deliberações: participação ativa em eventos e movimentos em defesa dos direitos da criança e do adolescente consolidados no ECA; defesa da manutenção da idade penal estabelecida pelo ECA e Constituição Federal; criação de novas câmaras técnicas de criança e adolescente no âmbito dos Conselhos; participação dos psicólogos nos conselhos paritários; inserção do psicólogo nos órgãos envolvidos com o atendimento de crianças e adolescentes; campanhas contra o rebaixamento da idade penal e os maus-tratos infantis; divulgação de experiências bem-sucedidas de implementação do ECA; questão da infância e da adolescência como prioridades nas linhas de atuação das comissões de direitos humanos dos conselhos de Psicologia; publicação sobre experiências e práticas de inclusão social de crianças e adolescentes; repúdio à redução da idade penal; campanhas de notificação dos casos de maus-tratos contra a criança e o adolescente; divulgação do Plano Nacional e Estadual de Enfrentamento da Violência Sexual infantojuvenil; perenizar iniciativas voltadas à defesa dos direitos humanos de crianças e adolescentes; articulação do Conselho Federal de Psicologia, CRP e subsedes com os conselhos de controle social, como o Conselho Estadual dos Direitos da Criança e do Adolescente de São Paulo (CONDECA) e os CMDCA's; criação de espaços de discussão sobre a Psicologia na área de assistência social; apoio a ações na defesa dos direitos da população infanto-juvenil em situação de rua e explorada sexualmente; incentivo à criação e/ou à continuidade das comissões de criança e adolescente; promoção de políticas públicas de atenção à criança, ao adolescente e à família; revisão das questões de sigilo profissional, adequando-as ao que já é previsto no ECA; apoio à implantação e ao fortalecimento de serviços de atendimento à população infantojuvenil; ações de articulação, junto aos poderes públicos, para criação e funcionamento regular dos conselhos tutelares e de direitos; troca de experiências e assessoria aos profissionais que atuam em políticas públicas; apoio ao desenvolvimento de políticas públicas de atenção à criança e ao adolescente; debates com a categoria sobre as questões relativas à ética profissional para reformulação do código de ética à luz dos novos instrumentos jurídicos produzidos pela sociedade brasileira em defesa da cidadania como o ECA; denúncia de exploração do trabalho infantil na mídia (Conselho Federal de Psicologia, 2001b, p. 12-44).

Entre as teses aprovadas, as que aludem à assistência à infância foram: tese 156 –- inserção da categoria em fóruns de controle social e movimentos sociais; tese 159 – luta contra o rebaixamento da idade penal; tese 164 – necessidade da aplicação de políticas públicas com presença de profissionais da Psicologia; tese 168 – desenvolvimento das políticas públicas para a criança, adolescente, família e implantação efetiva do ECA; tese 180 – participação dos psicólogos nos órgãos deliberativos das políticas públicas; tese 183 – condições de trabalho para os psicólogos nas instituições públicas e prestação de serviços à sociedade; tese 221 – atuação do profissional nas diversas áreas da Psicologia nos âmbitos público e privado; tese 222 – orientação aos profissionais sobre o sistema de conselhos gestores de política pública (Conselho Federal de Psicologia, 2001a).

O V Congresso Nacional de Psicologia foi realizado em 2004, também em Brasília, Distrito Federal. Seu tema foi "Protagonismo social da Psicologia – as urgências brasileiras e a construção de respostas da Psicologia às necessidades sociais". Seus eixos temáticos foram: "I – políticas públicas; II – inclusão social e direitos humanos; e III – exercício profissional". Não há explicações sobre a relação do tema do congresso com os eixos temáticos. A respeito da organização do V Congresso, dois aspectos mereceram destaque. O primeiro foi um alerta aos responsáveis pelos Congressos Regionais sobre a importância de um claro entendimento do artigo 13 do Regimento dos Congressos Regionais e Nacional. Esse artigo exige a presença de 50% dos delegados inscritos no evento como condição de deliberação nas plenárias. O alerta esclarecia que o número base para esse cálculo é o número de delegados inscritos e não os delegados credenciados. Não consta informação sobre ocorrências que tivessem gerado a necessidade do alerta. O outro aspecto consistiu justamente em um erro na contagem de delegados para a fase nacional. Uma errata enviada *on-line* pela comissão organizadora nacional às Comissões Regionais pediu a substituição integral de um caderno de teses do evento, encaminhado anteriormente para os "delegados do CNP", alegando que foram realizadas as correções necessárias. As correções foram: data (de 26 de abril para 17 a 20 de junho de 2004), número de delegados nos quinze congressos regionais (de 886 para 922 delegados nos Congresso Regionais) e número de psicólogos e de delegados da 7ª Região (de 7.154 inscritos para 9.539 e de doze para treze delegados no Nacional). No Caderno 5, consta que 2.434 psicólogos participaram dos pré-congressos realizados. Consta a informação sobre o prazo para uso do Sistema Informatizado de Cadastramento (SICATES), para envio de teses. Foram 351 teses sistematizadas a partir de 1.099 teses aprovadas nos 107 pré-congressos, nos quinze Conselhos Regionais de Psicologia (Conselho Federal de Psicologia, 2004a, p. 2). Em Deliberações 5, consta um "breve histórico" dos congressos ocorridos até então. Em sua visão, os dois primeiros congressos tiveram não apenas a virtude de instalar essa instância coletiva e democrática de deliberação das ações da profissão, mas também a dedicação à construção de grandes propostas a questões organizativas da própria profissão. O III Congresso, por seu temário, levou à necessidade de efetivo diálogo com as difíceis realidades sociais brasileiras e latino-americanas e à emergência da construção de políticas públicas como um importante projeto para a profissão. O IV Congresso Nacional, por sua vez, não só afirmou a importância da construção de políticas públicas como estabeleceu que a efetivação delas deve ocorrer sob patamares éticos que não podem ser outros senão o de atendimento aos direitos humanos. Finalmente, o último congresso, aquele em curso em 2004, constituiu-se na disposição da profissão de aperfeiçoar-se na construção desses encaminhamentos que requerem dos psicólogos colocarem-se em ação, seja com seus pares, seja frente ao contexto institucional brasileiro. O texto reafirmou também o congresso nacional como instância maior na qual os psicólogos têm a oportunidade, o direito e o dever de fazer-se ouvir quanto aos seus anseios de uma administração voltada para a evolução e o aperfeiçoamento da Psicologia e dos psicólogos (Conselho Federal de Psicologia, 2004b, p. 4-5).

No balanço feito sobre a aprovação de diretrizes em cada eixo, encontramos a afirmação de que aquelas sobre "políticas públicas" destacaram a prioridade para ações dos Conselhos de Psicologia na efetivação de políticas de saúde/saúde mental. No balanço sobre "inclusão e direitos humanos" destacou-se a importância da participação da Psicologia nos movimentos sociais como contribuição para a implementação dos direitos humanos. No de "exercício profissional" fica evidenciada a importância de mudanças nos paradigmas de formação e atuação profissional. Sobre a infância, o V Congresso aprovou as seguintes deliberações: diálogo junto a órgãos e conselhos responsáveis pela organização de programas e atenção a usuários de drogas; representatividade junto aos Sistemas de Conselhos Gestores de Políticas Públicas; divulgação do Estatuto da Criança; promoção de políticas públicas de atenção às crianças, aos adolescentes e às famílias; participação nos movimentos da sociedade civil organizada; ampliação das ações do Conselho relativas ao Estatuto da Criança e do Adolescente; encontros de psicólogos que atendem crianças e adolescentes; visibilidade às experiências exitosas do psicólogo na área da criança e adolescente; apresentação de propostas de políticas intersetoriais para os ministérios e secretarias visando à efetivação dos direitos da criança e adolescente; debate sobre o encarceramento (incluindo FEBEM – Fundação Estadual do Bem-Estar do Menor e manicômios judiciários); combate ao modelo de FEBEM (Fundação Estadual do Bem-Estar do Menor) e seus similares; reestruturação do atendimento às crianças e ao adolescente em conflito com a lei; discussão e divulgação do ECA; profissional de Psicologia junto a conselhos tutelares; participação qualificada dos psicólogos em eventos e comissões para políticas públicas de atendimento à criança e ao adolescente; promoção de cursos, fóruns, encontros para profissionais que atuam com adolescentes em conflito com a lei; participação em reuniões ordinárias dos conselhos municipais e estaduais da criança e do adolescente e do Fórum de Defesa da Criança e do Adolescente – Fórum DCA; fortalecimento de uma rede de assistência psicológica para os casos de violência contra a criança e o adolescente; criação de espaços de discussão sobre violência sexual contra crianças e adolescentes; participação dos psicólogos para atuarem nas políticas públicas em defesa dos direitos de crianças e adolescentes; criação de grupos de trabalhos temáticos vinculados a comissões de direitos humanos e promoção de fóruns, mesas, encontros de profissionais que atuam na área, em defesa desses direitos de crianças e adolescentes; campanhas nacionais pelo não rebaixamento da idade penal; debates sobre o sistema de garantias dos direitos da criança e do adolescente; articulação junto a outros conselhos para fortalecer a luta contra redução da idade penal; participação de movimentos que fortaleçam o Estatuto da Criança e do Adolescente (Conselho Federal de Psicologia, 2004b, p. 10-28).

O V Congresso Nacional de Psicologia apreciou as seguintes teses sobre assistência à infância: tese 34 – efetivação de políticas de promoção, proteção, prevenção e aplicação das medidas socioeducativas; tese 35 – desenvolvimento das políticas públicas para a criança, adolescente e família; tese 36 – espaço para debate sobre patologia agressores de criança e adolescente; tese 37 – psicólogos no apoio aos Conselhos Tutelares; tese 39 – campanhas relativas aos direitos básicos das crianças e adolescentes; tese 40 – inclusão da Convenção dos Direitos da Criança [ONU] e do Estatuto da Criança e do Adolescente nos cursos de Psicologia; tese 43 – trabalho com as famílias das crianças em situação de risco social; tese 44 – contra a redução da maioridade penal; tese 49 – aproximação da Psicologia com as políticas públicas; tese 53 – capacitação de representantes da Psicologia nos Conselhos de Direitos da Criança; tese 61 – alternativas para o encarceramento; tese 63 – campanhas de valorização dos psicólogos no Judiciário e outras instituições; tese 73 – definição do papel do psicólogo na política de assistência social; tese 74 – campanhas nacionais contra a exclusão social; tese 87 – criação de rede de assistência psicológica para casos de violência contra criança e adolescente; tese 101 – criação de instrumentos para responsabilização e valorização da família; tese 137 – qualificação da participação dos psicólogos nas políticas públicas de defesa dos direitos da criança e do adolescente; tese 138 – enfrentamento da criminalidade e violência contra a criança e o adolescente; tese 139 – protagonismo social da

Psicologia em projetos sociais; tese 141 – discussão e divulgação do ECA de forma mais ampla; tese 142 – contra o rebaixamento da idade penal; tese 147 – contra redução da maioridade penal; tese 165 – prática dos psicólogos voltada ao cumprimento dos direitos humanos; tese 257 – atuação dos psicólogos junto ao judiciário; e tese 260 – capacitação dos psicólogos para programas sociais (Conselho Federal de Psicologia, 2004a).

Várias seriam as considerações e análises possíveis desses documentos, dada a amplitude temática desses congressos. Por essa amplitude e pelo contato ainda preliminar com essa documentação, as observações feitas nesse momento têm caráter superficial, necessitando não apenas de aprofundamento com basede mais estudos, mas do reconhecimento inicial da potencialidade desse material como fonte de conhecimento para a história da profissão. Os Congressos de Psicologia precisam ser estudados e vistos como evidência de nova configuração das práticas psicológicas. Os congressos instituem uma prática política participativa junto às práticas profissionais em Psicologia. Essa condição não invalida, por outro lado, pontuações feitas em resposta aos dados apresentados.

Primeiro é importante mencionar o limite do impacto que esses eventos têm (ainda) em relação ao conjunto da profissão, melhor dizendo, em relação à população de psicólogos brasileiros. Não se pode desprezar a "maioria silenciosa" que não toma parte ou deixa de lado as discussões concernentes à reorganização da profissão, como dito por Bock (1999). Os congressos, ainda que com quantitativos crescentes em suas edições, envolvem uma parcela da profissão, a prudência impõe que se estime essa parcela como pouca quantidade. Supõe-se que o psicólogo que se apresenta para essa experiência é aquele que se abre para outra visão sobre a regulação profissional, para além da tradicional concepção centrada na fiscalização. As considerações levantadas nos congressos são sempre parciais.

Outro aspecto importante diz respeito ao funcionamento dos congressos e o alcance do ideal de democratização da profissão. Em que medida o funcionamento desses eventos produz a democracia no direcionamento profissional. As críticas feitas por moções apontam que o funcionamento dos congressos é questionável em vários aspectos, nas condições físicas do evento, na qualidade do material de trabalho, na definição dos temas, na proporcionalidade da participação. Não é à toa que de um congresso para outro se alteram alguns aspectos do funcionamento para que se consiga gerar condições de uma participação efetiva da profissão. Dentre os pontos que evidenciam essa dificuldade o da sistematização das teses se mostra bastante desafiador.

As seguidas modificações do processo de sistematização das teses mostram que a tarefa de organizar os discursos a cada decisão no processo dos congressos é demasiadamente complicada. Se a informatização do processo facilita procedimentos de registro e envio de material, persiste o (interminável) problema hermenêutico sobre o texto das propostas. Como preservar, agregar, reduzir, manter, retirar, traduzir, enfim, sistematizar as demandas postas em análise pelos profissionais? Como evitar que nesse procedimento não ocorra algum nível de interpretação, interferência ou mesmo modulação da fala dos proponentes? Não se trata de má-fé, mas da impossibilidade de conter a tradutibilidade própria ao processo comunicativo. Contudo, as contribuições atinentes à reflexão sobre a profissão são inúmeras e a análise dos conteúdos das teses, ainda que superficial, pode gerar produtivo debate sobre a relação entre Psicologia e direitos da infância.

Dentro dos vários eixos e subeixos temáticos dos diferentes congressos, as teses abordaram uma multiplicidade de questões, tratadas de uma multiplicidade de pronunciamentos. De certa forma, a imagem de um falatório animado pelo debates das teses dá vista ao exercício político de defesa de ideias que acompanha cada uma das proposições. Esse aspecto foi importante porque mostrou que os psicólogos se relacionam com questões sociais da infância em um leque muito extenso de situações e em uma prática eminentemente política: defesa de tese. Interessa mostrar a diversidade desse discurso como expressão da diversidade do fazer político que marca o "mostruário" discursivo das teses dos psicólogos.

Por outro lado, ao tomar o conteúdo das teses de forma geral, alguns aspectos podem ser distinguidos. É possível ver no discurso dos psicólogos a afirmação da esfera política supranacional e de seus respectivos instrumentos no tratamento das questões da infância. Para além de propor a inclusão da Convenção dos Direitos da Criança de 1989, ao lado do Estatuto da Criança e do Adolescente, como atividade acadêmica dos cursos de Psicologia, as teses que reforçam a afirmação dos direitos da infância e dos mecanismos institucionais desses direitos também operam o acolhimento do ordenamento geopolítico gerado no pós-guerra, do qual fazem parte os novos direitos da infância. Percebe-se, nessas teses, que o anseio pela inserção da Psicologia, dos profissionais e dos Conselhos de Psicologia na defesa dos direitos humanos, dos direitos da infância e no apoio aos instrumentos internacionais desses direitos, respondem ao processo mais amplo de afirmação histórica dos direitos humanos e da infância ao longo do século XX. No caso dos direitos da infância, cuja participação da Psicologia se registra desde a atuação dos pesquisadores do Instituto Jean-Jacques Rousseau em torno da Declaração de Genebra de 1924, é notável o quanto os Congressos Nacionais de Psicologia favorecem, hoje, à consolidação de uma cultura dos direitos da infância entre os psicólogos.

O conjunto de teses visto até aqui permite asseverar que a afirmação dos direitos da infância figura efetivamente no horizonte de preocupações dos psicólogos. As teses dos congressos encampam as lutas da defesa destes direitos, como no caso da exploração do trabalho infantil, da exploração sexual, da pobreza, do rebaixamento da idade penal, questões que ameaçam o reconhecimento do ECA, ameaçam as inovações dos direitos da infância e ameaçam as conquistas dos movimentos sociais, cujos esforços tiveram intensificação no processo de redemocratização nacional. A impressão deixada por essa articulação de coisas é que a mudança de postura profissional da Psicologia em relação à infância depende da luta pela afirmação das diretrizes legais vigentes na assistência social. Malgrado preocupações com ampliação no escopo de estudos da Psicologia, com a formação profissional, com a organização e articulação dos profissionais, não parece haver qualquer descompasso entre a ordem dos direitos da infância, incluindo os quesitos de sua esfera supranacional, e a do novo direcionamento da profissão.

Algumas teses acenaram para a importância do envolvimento dos psicólogos com movimentos sociais. A mobilização de organizações sociais em torno da defesa da infância foi fator relevante na história desses direitos. Todos esses aspectos das teses mostram que a afirmação dos direitos da infância se encontra na ordem estabelecida nas entidades de Psicologia, no discurso já legitimado dos psicólogos, inclusive pelo fato de que muitas dessas teses tornaram-se deliberações e práticas dos conselhos de Psicologia e da profissão.

É emblemática nesse sentido, a tese que foi ao âmago desse ordenamento quando trouxe, no II Congresso Nacional de Psicologia, a ideia de compatibilidade entre a Lei 4119/62 de regulamentação da profissão e o ECA, dizendo, portanto, haver conformidade entre os direitos da infância e as atividades "oficiais" da profissão. Haveria, então, conformidade entre os novos direitos da infância e o resíduo corporativista da regulamentação profissional forjada no Brasil de Vargas? Esse aspecto deve ser observado com mais detalhe, pois aponta para um conjunto de teses que buscou estabelecer de forma mais precisa os termos dessa relação, seja convocando a Psicologia como saber competente, seja defendendo o psicólogo como profissional legítimo e capacitado para atuar nas políticas públicas da infância, seja quando prefigurou o psicólogo como elemento fundamental para a formulação das políticas assistenciais.

A referência à Psicologia nas teses não ocorreu somente sob a forma de valorização da inserção do psicólogo em questões políticas. Ao contrário, a Psicologia foi referida, com considerável regularidade, em sua condição de um saber qualificado e capaz de dar conta de inúmeros fenômenos ligados diretamente à infância, a despeito da complexidade constitutiva desses fenômenos. A exigência da Psicologia nas teses assume a forma de um "psicologismo" quando favorecem um tipo de redução dos fenômenos a fatores de natureza psicológica. O psicologismo das teses minimiza, ou mesmo desconsidera, dúvidas epistemológicas sobre a capacidade da Psicologia, querelas e discussões intermináveis que relativizam a segurança do saber psicológico sobre os fenômenos humanos do início da vida. Nesse sentido, a afirmação de ganhos sociais para a população com a oferta de serviços psicológicos não significa somente reforçar a busca de aproximação da Psicologia às necessidades da população, significa conceber essa assistência psicológica como direito e, dessa maneira, psicologizar os benefícios sociais que podem ser adquiridos com a garantia de direitos.

Assim, partindo de proposições estritamente epistemológicas da Psicologia, enquanto saber sobre as necessidades da criança e adolescentes, sobre famílias, sobre sexualidade, sobre processos de patologização na escolarização, chega-se, algumas vezes, a um psicologismo que refere a Psicologia como quesito imprescindível para a luta contra a exclusão social, para políticas públicas e como elemento para a efetivação dos direitos da infância. De um psicologismo epistemológico, chegamos a um "psicologismo cidadão", bem mais ousado que o visto com Margareth Ribble em seus direitos da criança.

Contudo, do psicologismo chega-se rapidamente ao corporativismo, ponto no qual a disputa de ocupação de espaços a partir do saber especializado assume importância antes dos fenômenos sociais em questão. Se psicologismo refere-se a disputas no âmbito do saber, o corporativismo implica no âmbito das práticas, do fazer do psicólogo e dos recursos para ocupação de espaços e sua normatização no mercado do trabalho, tendo ao fundo a lógica da função privativa.

Nas teses, o corporativismo assumiu, muitas vezes, a forma de uma classe corporativa de especialistas que se investem eles próprios de sua missão, pois em muitas manifestações a ação do psicólogo foi tida como suficiente ou como imprescindível para a melhoria de uma dada situação. Porém, a efetividade dessa ação seria possível desde que fossem contempladas condições satisfatórias de trabalho para os psicólogos. O corporativismo trouxe à luz a concorrência de competências especialistas com vistas à inserção do psicólogo em certos domínios do exercício profissional. Nesse sentido, as preocupações envolveram aspectos e conflitos de interesses que tomam como problema, no mais das vezes, as condições de trabalho (por exemplo: reivindicações sobre remuneração e quantidade de atendimento) para a atuação psicológica.

No âmbito da justiça, por exemplo, há teses almejando psicólogos em varas da infância e família, em instituições de medidas socioeducativas, em ações da política antidrogas, em intervenções a vítimas de trabalho infantil, em programas de progressão de penas e no Poder Judiciário indistinta e irrestritamente. Na assistência à infância, há teses buscando espaço para psicólogos nos Conselhos Tutelares, em serviços de atendimentos a vítimas de violência doméstica, serviços de atendimento a agressores, nas redes assistenciais de atendimento à infância de maneira ampla e na assistência social genericamente referida. Uma tese ressaltou a necessidade de condições de trabalho satisfatória para o profissional nas políticas públicas de assistência à infância, destacando a importância de um piso salarial para o psicólogo que atua neste campo.

O corporativismo, nesse sentido, supõe certa harmonização entre as necessidades da infância (ou prioridades da defesa de direitos da infância) e os interesses corporativos dos psicólogos. De alguma forma, não haveria, aos olhos dos profissionais, discrepância entre buscar o fortalecimento das políticas sociais da infância e lutar por melhores condições de trabalho, honorários satisfatórios, número de atendimentos condizentes, abertura de editais e de vagas para concursos públicos, que assegurassem formalmente a inclusão deste profissional em diversos espaços de atenção direta à infância. Essa ideia concorda integralmente com Silva (2003, p. 19), que assegura não haver contradição entre a inserção do psicólogo nas políticas públicas e a conquista de empregabilidade. Desde que proporcione benefícios no enfrentamento das chamadas "urgências sociais", com o fortalecimento das ações do Estado em políticas sociais que possibilitem condições satisfatórias de cidadania à população, não haveria problemas nas casquinhas corporativas da profissão.

Em relação à infância, encontramos essa convergência entre seus direitos e os dos psicólogos na formulação da não contrariedade da Lei 4119/62 e nos dispositivos legais de defesa social como o Estatuto da Criança e do Adolescente. Lutar pela inclusão do psicólogo e pelos quesitos trabalhistas necessários ao exercício profissional coabitaria pacificamente na "praça" de enfrentamentos pelos direitos e por políticas sociais para a infância. O ponto-chave dessas ideias reside não somente na recorrência nas teses, mas por que a convergência entre direitos da infância e direitos da profissão aponta a legitimação de ambos os tipos de direitos.

Entretanto, a contradição presente nessa questão não deixou de se fazer sentir, bem debaixo dos argumentos corporativistas.

Uma tese do IV Congresso apresentou preocupações quanto à ampliação do campo de atuação do psicólogo nas políticas públicas e com as respectivas condições de trabalho. A tese mencionou também a necessidade de reconhecimento social da Psicologia em políticas públicas como meta a ser alcançada pelo maior comprometimento da profissão com a prestação de serviços para diversos grupos sociais. Ao propor uma série de medidas para a consecução dessa situação desejada, a proposta totalizou dezenove encaminhamentos recomendados, na qual o encaminhamento quinze formula a seguinte proposição: "estimular a participação da categoria e organismos que exerçam controle social alinhados aos interesses da maioria da população, isto é, que haja garantia que os fins institucionais sejam públicos e não atrelados aos interesses das corporações" (Conselho Federal de Psicologia, 2001a).

Fica denunciado assim o risco de colisão entre interesses públicos e interesses corporativos. Pela presença dessa recomendação, retoma-se a afirmação de Campos (2004, p. 191), que declara que a prioridade de sua ação seria com a vida e não com a Psicologia, para pôr em questão uma suposta não contradição entre esses tipos de interesses. Urge o questionamento se de fato poderia ser assegurada a convergência entre as prioridades dos direitos da infância e as dos psicólogos. Cumpre arguir, ao menos hipoteticamente: seria possível que os psicólogos se interessassem por projetos que estabeleçam prioridades para a infância, descartando a necessidade de presença da Psicologia? Em que medida impossibilidades para a Psicologia significam impossibilidades para ações junto à infância? Não se trata de atirar a Psicologia à condição de descartável, nem a prática profissional ao rol de supérfluos. Entretanto, a responsabilidade de colocar os problemas da infância na frente dos problemas dos psicólogos se impõe.

Por isso, cumpre finalmente apontar que os Congressos de Psicologia não evidenciam somente a consolidação na profissão do paradigma dos direitos da infância na assistência, que trazem a reboque a lógica internacional da regulação das relações entre nações em esfera supranacional. Do mesmo modo, as teses dos congressos não se restringem à afirmação psicologista dos fenômenos da infância e corporativista das necessidades de intervenção, conforme comentado até o momento. É possível entrever nas proposições alguns sentidos de rompimentos, de inovações e rupturas com o modo instituído de organizar as coisas. Essas rupturas também aparecem em diversas direções, entre distintos objetos temáticos e abrem diferentes possibilidades de mudança.

Assim, se uma tese afirma que o interesse da infância deve prevalecer sobre o interesse da profissão, conforme proposta já comentada, torna-se provocadora não pelo fato de instigar a prioridade da infância, na verdade aspecto bem ao gosto dos novos direitos vigentes, mas pela propositura em um espaço eminentemente corporativista sugerindo nos congressos a acolhida de um ideal plenamente voltado para os interesses das populações para além da corporação.

Da mesma forma, as teses que suspeitam da harmonização da Psicologia aos novos direitos da infância, levando em consideração o passado das práticas psicológicas na assistência, apelam para um esforço crítico constante. Não é natural que a Psicologia seja articulada aos direitos da infância, qualquer ligação que se estabeleça é fruto da luta dos profissionais. Esse esforço de inserção da Psicologia estava presente em Genebra na década de 1920, se manifestou pontualmente no desmonte da PNBEM no fim da ditadura e deve seguir nos debates de direcionamento da profissão em congressos. Os psicólogos se mostram capazes disso quando operam a própria crítica desses direitos, como no caso da defesa da ampliação do direito à educação às crianças de zero a seis anos, para além do que consta no ECA.

A capacidade de inovação por meio das teses aparece de forma singular na formulação da tese 82 do I Congresso. Cabe a apresentação de seu texto completo:

Enunciado: fiscalização do exercício profissional

Justificativa: Entendemos que tanto a Psicologia, como o exercício profissional e o próprio psicólogo devam ter seus direitos de defesa garantidos em fóruns mais representativos que o exclusivo do Conselho de Psicologia. As questões que abrangem a discussão tanto do profissional como do usuário, no que se refere a seus direitos e deveres são mais amplas que o específico controle da Psicologia. Diferentes entidades, hoje já exercem este controle, como controle social, por exemplo, a discussão atual da criação de novos cursos de Psicologia tem passado por uma discussão nacional que envolve desde os Conselhos de Psicologia, Conselhos Nacional e Estaduais de Saúde, Sindicatos, entidades de Defesa do Consumidor, Entidades de Usuários. Na realidade os Conselhos, como o Conselho Federal de Psicologia, CRP 07, demais CRP's do país já tem participação efetivamente em diferentes instâncias no controle social no que se refere a questões gerais do interesse da coletividade, e especificamente da Psicologia.

Precisamos fortalecer nossas entidades como legítimos espaços democráticos, superando e rompendo com a visão corporativista – da defesa de uma categoria para preservá-la para uma entidade na defesa da qualidade da profissão, do profissional e da qualidade de vida da população. Participar efetivamente dos movimentos sociais na atuação pela luta e conquista da cidadania.

Garantir a articulação com mecanismos da sociedade no controle do exercício profissional, da Psicologia como ciência e profissão – fiscalização possível, hoje, através e conjuntamente com entidades de defesa do consumidor, de direitos humanos, **de defesa do menor,** das minorias sociais, conselhos de saúde, de educação. Onde o controle social seja de um conjunto representativo da sociedade e não de uma corporação na defesa exclusiva de seus interesses.

Proposição: criar um fórum permanente de entidades, organizações comprometidas com os direitos humanos e da cidadania, que exercerá o papel de controle social sobre o exercício profissional e da Psicologia.

Sem pretender analisar aspectos particulares da tese (visivelmente se trata de uma realidade regional específica) e também da escrita do texto (preservada como consta no "caderno de teses" respectivo), nota-se que a proposta retoma a questão dos interesses corporativos como possivelmente contraditórios aos interesses dos grupos sociais (inclusive da infância). Não está em discussão a viabilidade da proposição e de quais seriam os mecanismos institucionais para sua consecução, mas de pensar que esforços anticorporativistas podem asseverar, contraditoriamente, a manutenção do corporativismo. O ponto-chave da manutenção do corporativismo na tese em foco está na distância que ela mantém da ideia de desregulamentação da profissão, que não aparece em suas linhas, sequer há espaço para isso em sua propositura. Ao contrário, a proposição sugeriu um mecanismo que resultaria na afirmação da legitimidade do exercício profissional especializado, através de um controle social com inspiração em diretrizes participativas e democratizantes de funcionamento institucional, que teria por finalidade aliar interesses da população ao exercício profissional.

Entretanto, o ponto de destaque dessa tese não está no que ela permite em relação ao corporativismo, mas reside no fato de que ela produz um efeito eminentemente político. Este reside na proposta de fiscalização do especialista pelo leigo, no direito a voz de um sujeito não autorizado ao exercício profissional, que está fora dos requisitos formais de acesso corporativo ligados à diplomação. Pela proposta, essa voz alcançaria lugar no âmbito da regulação profissional para apreciar, eticamente, a prática dos profissionalizados, o que seria uma fratura no fechamento especialista típico das entidades de classe. Esse espaço institucional reservado ao especialista passaria ao compartilhamento com sujeitos políticos que colaborariam na análise das investidas da profissão nas urgências sociais, tão importantes para a mudança na postura dos psicólogos nos dias de hoje. Essa é a proposta radicalizada de uma democracia nas entidades, talvez ousada demais, tresloucada e ainda sem cabimento. Mas tão promissora e carregada de sentido político quanto à decisão de uma revista acadêmica ceder seu espaço textual intelectualizado a um movimento social e a pronunciamentos políticos de sujeitos tão improváveis politicamente quanto os meninos e meninas de rua, conforme visto anteriormente.

5

A política na narrativa da profissão

A narrativa feita ao longo do estudo não é suficiente para esgotar o problema do sentido político da aproximação do psicólogo com a realidade socioeconômica, não é conclusiva nem mesmo aproxima-se das questões sociais da infância. Muitos aspectos devem ser considerados para essa reflexão, principalmente a partir da ampla inserção dos psicólogos na assistência à infância nos dias de hoje, situação que sugere a possibilidade de que existam experiências profissionais com implicações políticas completamente diferentes do que se comentou até aqui. O intento realizado nessa pesquisa pode ser visto como um esforço para provocação (ou intensificação) de debate, cujo objeto é a análise da mudança de postura da atuação profissional. Dar visibilidade ao caráter político dos elementos que compõem a relação entre Psicologia e direitos da infância não é tarefa que se resolva com alguns poucos estudos.

Por outro lado, em razão do que foi apontado nas seções anteriores, algumas observações preliminares podem ser feitas com o intuito de marcar de forma clara pontos de reflexão levantados pela pesquisa. O primeiro aspecto é sustentar a existência de sentido político a ser reconhecido tanto nos direitos da infância e nas práticas psicológicas inseridas na assistência, quanto no debate sobre a mudança na atuação profissional. Sobre esse último, a questão política da prática profissional ganhou importância nas últimas décadas como um ideal a ser perseguido, cuja premência induziria, quem sabe, à ideia de que a definição de um projeto político consensualmente assumido pela profissão responderia ao problema da conflituosa relação entre psicólogos e realidade socioeconômica. Os Congressos de Psicologia, nesse sentido, seriam a ferramenta para a construção de uma meta como essa, já que operam o debate por meio dos seus mecanismos para a consecução de metas orientadas para a profissão. Contudo, servem como projeto para dar conta da regulação profissional e para, no máximo, inspirar as inúmeras experiências práticas da população de psicólogos, não para consensos finais sobre a experiência de cada um. Além disso, os congressos não anulam e não devem anular o elemento fundamental da política que é a divergência, em nome de salvar sua substância política primeira que é a democracia.

Da mesma forma que o debate acerca da mudança na atuação profissional está impregnado de caráter político, o debate sobre os direitos da infância também. Um primeiro aspecto destacado é que as concepções de direitos da infância não devêm de um aprimoramento jurídico neutro, desvinculado do contexto sociohistórico no qual eles aparecem, sugerindo que passar da menoridade para a condição de sujeito de direitos ou da situação irregular para a proteção integral seria uma mostra do progresso conceitual dos juristas sobre a infância. Os direitos da infância respondem aos processos políticos que recaem sobre toda a sociedade, mas que ficam marcados nas populações infantojuvenis. Nesse sentido é que não se pode conceber o aparecimento dos direitos internacionais da infância desvinculados dos problemas e dos efeitos das guerras mundiais do século passado. Se naqueles episódios ficaram marcadas as tensões das relações nacionalistas de fundo político e econômico, que por sua vez levaram à sustentação de uma esfera supranacional de regulação diplomática, é nesse contexto que se deve pensar também a missão dos direitos da infância, pois eles cumprem uma função de dar apoio a essa ordem geopolítica.

Não é à toa que as cartas internacionais de direitos da infância sofrem dos mesmos problemas dos tratados internacionais e recebem as mesmas indicações de solução que todos os outros documentos receberam. Primeiro, as Cartas de 1924 e de 1959 de direitos da infância foram motivadas pelos estragos das guerras nas populações infantis, mas não receberam adesões compromissadas significativamente com as demandas da infância. Funcionaram como documentos humanitários, cuja atenção dos governos não passou das conotações superficialmente cerimoniais com os órgãos multilaterais. Essa situação levou à busca de caráter mais incisivo como dotar de implicações jurídicas os compromissos diplomáticos com a infância, meta que levou ao Ano Internacional da Criança em 1979 e à Convenção (documento de natureza jurídica) dos Direitos da Criança e do Adolescente em 1989. Dessa forma, do acento na proteção humanitária da infância, principal feição da Declaração de Genebra, ao acento na judicialização do compromisso com a proteção humanitária da infância, com a Convenção, os direitos da infância participaram dos mesmos percalços que outros direitos como os civis, políticos, econômicos e outros, que também passaram pela busca de pactos juridicamente reguladores para cada tipo de compromisso, ao longo da segunda metade do século XX, que, como dito, em última análise, implicam a sustentação política da esfera supranacional.

Ao passarem para o plano das conjunturas nacionais, os direitos da infância respondem a novas questões políticas, agora ligadas às condições sociais de cada país. No caso brasileiro, após o silêncio das legislações menoristas em relação aos preceitos internacionais de proteção da infância, os novos direitos, respondendo a demandas políticas da assistência como a luta contra a institucionalização da infância, encontraram no processo de redemocratização nacional acolhida em atores políticos importantes como o movimento social da infância, juristas e figuras políticas que encabeçaram a aprovação do Estatuto da Criança e do Adolescente. A defesa desses direitos foi concebida como possibilidade de transformar a questão social da infância, ideal político que pressionou (e ainda pressiona) os vários trabalhadores sociais que atuam no campo da política assistencial, como o psicólogo. Assim, os novos direitos interrogam politicamente a prática de cada agente, forçando que haja o debate político a respeito das ações desenvolvidas e de seus efeitos para a infância.

As marcações políticas da relação entre Psicologia e direitos da infância, pensada sobre o campo da assistência devem receber atenção continuada na reflexão sobre a prática profissional. Da mesma forma que os direitos da infância devem ser arguidos em função de sua emergência e encaixe no âmbito geopolítico e em função das repercussões políticas que provoca na conjuntura nacional da assistência à infância, deve-se arguir os processos que sustentam a institucionalização da regulação das profissões desde o período varguista. Em um primeiro momento, a regulamentação das profissões esteve inserida em um plano de modernização do país que, por sua vez, respondia aos ideais de um Estado forte e centralizador que dirigisse os rumos da questão social. Nesse sentido, a cidadania ligada ao trabalho, a cidadania ligada à regulamentação de uma profissão atendia, em última análise, à consolidação política do Estado como ator dirigente das relações de produção e acumulação de capital, por um lado, e das ações de controle social, por outro. Isto é, da mesma forma que direcionava o processo de industrialização modificando o perfil agrário da produção nacional, o Estado operaria as ações políticas que incidiriam sobre a questão social como o trabalho, pela via do corporativismo, e a assistência social. Nesse último, criar condições para a atuação científica dos trabalhadores sociais por política pública foi também marcar a presença do poder público no ordenamento das ações assistenciais, como visto no caso da infância.

A institucionalização da Psicologia ocorreu pelas mesmas regras de regulamentação profissional, que permanecem até hoje, e em meio a novo período de repressão pelo Estado, pela ditadura militar. O corporativismo nesse momento não constava mais no rol das políticas estatais de controle social, mas restava como disputa das profissões formalizadas por abrigos de mercado, servindo para deslocar a atenção em relação aos problemas da ordem pública. Assim, o psicólogo como profissional inseriu-se na assistência à infância como especialista do diagnóstico, da orientação e do tratamento psicológico, buscando reconhecimento de suas competências diante do outros trabalhadores e correspondendo ao ordenamento de afastamento das questões sociais, na medida em que focava suas intervenções no indivíduo e em seu grupo familiar.

Com a mudança na conjuntura política, advinda do processo de redemocratização, o psicólogo intensificou a crítica da forma de atuação profissional e encontrou na aproximação à realidade socioeconômica o caminho para redesenhar suas práticas. Nessa direção se aliou aos novos direitos da infância, cuja defesa poderia alavancar o processo de alteração das práticas. Na busca de mudanças o corporativismo aparece como questão crucial para medir avanços: priorizar as urgências sociais ou as urgências profissionais? No caso da infância, a defesa dos direitos da infância é compatível com a dos direitos dos psicólogos? O debate nos congressos de Psicologia aparece, então, como uma mostra das dificuldades a serem enfrentadas na direção da mudança da atuação profissional. Nesses eventos, apresentam-se vários discursos profissionais apontando os diferentes fatores que incidem na reorganização da profissão. O corporativismo aparece nas teses por meio de defesas da presença do psicólogo em vários espaços, seja de natureza técnica, seja de natureza política. No caso da assistência à infância, essas manifestações reivindicam psicólogos nos programas assistenciais e nos espaços de definição de políticas públicas, como os Conselhos de Direitos da Criança.

Mas o corporativismo não responde por todo o debate travado pelos profissionais nesses eventos. Outras manifestações, pelo caráter diferencial que apresentam, mostram os impasses que a profissão vive em seu contato com a realidade social. Nesse ponto, as ponderações sobre a necessidade de preparação (capacitação, formação, orientação) da profissão para inserção nos espaços das políticas assistenciais apontam para os limites da competência do psicólogo, acirrando a preocupação de mudanças na prática profissional para uma atuação técnica e política condizente com o modelo pautado nos direitos da infância. De forma semelhante funcionam as teses que apontam o passado da profissão como não condizente com os ideais da defesa dos direitos da infância. Mostram que a prática individualizante, punitiva e descompromissada com a realidade social torna o desafio da mudança de atuação praticamente uma reinvenção do profissional da Psicologia.

Mas há nos congressos outro tipo de reivindicação profissional eminentemente política, porém pouco convencional, que mostra disposições para rupturas mais profundas na estrutura da regulamentação profissional que perdura desde a década de 1930. Tal tipo de reivindicação é o que se encontra na tese 82 do I congresso, ao propor participação dos movimentos sociais nas práticas de fiscalização da profissão, que aponta outra possibilidade para as ações corporativistas. Nesse ponto, essa tese é política não porque evidencia limites da Psicologia como ciência e profissão em um espaço de discussão corporativo. O diferencial dessa tese é realizar uma prática essencialmente política: dar voz a quem não a teria no espaço do discurso. No caso deste estudo, ao pensar na infância, ou mesmo os movimentos sociais da infância como mencionado na tese, seria uma realização diferenciada por autorizar a fala daqueles que, social e etimologicamente, não têm a fala, a infância.

Referências bibliográficas

ALTOÉ, S. *Infâncias perdidas*: o cotidiano nos internatos-prisão. Rio de Janeiro: Xenon, 1990.

ALVES, J. A. L. *Os direitos humanos como tema global.* São Paulo: Perspectiva, 2003.

ANTUNES, M. A. M. "LOURENÇO FILHO, Manoel Bergstrom (1897-1970)." In: CAMPOS, R. H. de F. (Org.). *Dicionário biográfico da Psicologia no Brasil.* Rio de Janeiro: Imago, 2001.

ARAUJO, M. P. N. *A utopia fragmentada*: novas esquerdas no Brasil e no mundo na década de 70. Rio de Janeiro: Fundação Getúlio Vargas, 2000.

ARENDT, H. *Origens do totalitarismo.* São Paulo: Companhia das Letras, 2004.

ARIÉS, P. *História social da criança e da família.* Rio de Janeiro: LTC Editora, 1981.

BARROS, M. N. dos S. Adolescência e Psicologia. In: *Relatório do II Seminário de Psicologia e Políticas Públicas*: políticas públicas, Psicologia e protagonismo social. João Pessoa: Conselho Federal de Psicologia, 2003.

BASTOS, A. V. B.; ACCHAR, R. Dinâmica profissional e formação do psicólogo: uma perspectiva de integração. In: CONSELHO FEDERAL DE PSICOLOGIA (Org.). *Psicólogo brasileiro*: práticas emergentes e desafios para a formação. São Paulo: Casa do Psicólogo, 1994.

BASTOS, M. F. P. *O movimento de defesa da criança e do adolescente:* uma contribuição para sua análise. 1995. Dissertação (Mestrado em Educação). Universidade Federal Fluminense, Niterói, 1995.

BOCK, A. M. B. *As aventuras do Barão de Münchhausen na Psicologia.* São Paulo: Educ/Cortez, 1999.

BONFIM, E. de M. Psicologia social, Psicologia do esporte e Psicologia jurídica. In: CONSELHO FEDERAL DE PSICOLOGIA (Org.). *Psicólogo brasileiro:* práticas emergentes e desafios para a formação. São Paulo: Casa do Psicólogo, 1994.

BRASIL. Lei 8.069, de 13 de julho de 1990. Estatuto da Criança e do Adolescente. In: PAULO, A. de (Org.). *Estatuto da Criança e do Adolescente.* Rio de Janeiro: DP&A, 2006.

_____. *Constituição da República Federativa do Brasil.* São Paulo: Saraiva, 1998.

BRAUN, H. *O Brasil e os direitos humanos:* a incorporação dos tratados em questão. Ijuí: Unijuí, 2001.

BULCÃO, I. *Investigando as políticas da assistência e proteção à infância: Psicologia e ações do Estado.* 2006. Tese (Doutorado em Psicologia Social). Universidade do Estado do Rio de Janeiro, Rio de Janeiro, 2006.

BURKE, P. *A Escola dos Annales (1929-1989):* a Revolução Francesa da historiografia. São Paulo: Editora da UNESP, 1997.

CAMPOS, M. O. C. Para nossas crianças, nem cadeia, nem caixão: uma trincheira para a luta dos direitos humanos. In: CONSELHO FEDERAL DE PSICOLOGIA (Org.). *Psicologia e direitos humanos:* subjetividade e exclusão. São Paulo: Casa do Psicólogo, 2004.

CAMPOS, R. H. de F. A Psicologia em Genebra e os movimentos de defesa dos direitos da criança (1920-1940): conexões epistemológicas. In: GUEDES, M. do C.; CAMPOS, R. H. de F. *Estudos em hstória da Psicologia.* São Paulo: Educ, 1999.

_____.; BERNARDES, L. H. G. A revista "Psicologia: Ciência e Profissão": um registro da história recente da Psicologia brasileira. *Revista Psicologia: Ciência e Profissão*, Brasília, v. 25, n. 4, 2005.

_____.; NEPOMUCENO, D. M. O funcionalismo europeu: Claparède e Piaget em Genebra, e as repercussões de suas idéias no Brasil. In:

JACÓ-VILELA, A. M.; FERREIRA, A. A. L.; PORTUGAL, F. T. (Org.). *História da Psicologia:* rumos e percursos. Rio de Janeiro: Nau, 2006.

CARNEIRO, F. D.; JACÓ-VILELA, A. M.; MESSIAS, M. C. N. Autonomização da Psicologia no Rio de Janeiro: o Centro de Orientação Juvenil – COJ. In: *Anais do XIV Encontro Nacional da ABRAPSO.* Porto Alegre: ABRAPSO, 2007.

CARVALHO, E. M. R. A carta de declaração dos direitos da criança e as condições de existência do menor: uma confrontação. *Revista de Psicologia,* Fortaleza, v. 4, n. 2, 1986.

CARVALHO, J. M. de. *Cidadania no Brasil:* o longo caminho. Rio de Janeiro: Civilização Brasileira, 2004.

COELHO, E. C. *As profissões imperiais:* medicina, engenharia e advocacia no Rio de Janeiro 1822-1930. Rio de Janeiro: Record, 1999.

COIMBRA, C. *Guardiães da ordem.* Rio de Janeiro: Oficina do Autor, 1995.

CONSELHO FEDERAL DE PSICOLOGIA. Os 25 anos e a imagem da profissão. *Revista Psicologia: Ciência e Profissão,* v. 7, n. 2, 1987. Editorial.

_____. *Revista Psicologia: Ciência e Profissão.* v. 8, n. 1. Brasília: Conselho Federal de Psicologia, 1988.

_____. *Revista Psicologia: Ciência e Profissão.* v. 13, n. 1-4. Brasília: Conselho Federal de Psicologia, 1993.

_____. *Caderno de teses do II Congresso Nacional de Psicologia.* Brasília: Conselho Federal de Psicologia, 1996a.

_____. *Caderno síntese das deliberações do II Congresso Nacional de Psicologia.* Brasília: Conselho Federal de Psicologia, 1996b.

_____. *Caderno de teses do III Congresso Nacional de Psicologia.* Brasília: Conselho Federal de Psicologia, 1998a.

_____. *Caderno síntese das deliberações do III Congresso Nacional de Psicologia.* Brasília: Conselho Federal de Psicologia, 1998b.

_____. *Caderno de teses do IV Congresso Nacional de Psicologia.* Brasília: Conselho Federal de Psicologia, 2001a.

_____. *Caderno síntese das deliberações do IV Congresso Nacional de Psicologia.* Brasília: Conselho Federal de Psicologia, 2001b.

_____. Resolução 017/2002. Manual para elaboração de documentos. Brasília: Conselho Federal de Psicologia, 2002. Disponível em: www.pol.org.br. Acesso em: 8 mar. 2007.

_____. Caderno de teses do V Congresso Nacional de Psicologia. Brasília: Conselho Federal de Psicologia, 2004a.

_____. Caderno síntese das deliberações do V Congresso Nacional de Psicologia. Brasília: Conselho Federal de Psicologia, 2004b.

CONSELHO FEDERAL E CONSELHOS REGIONAIS DE PSICOLOGIA. Caderno de teses do Congresso Nacional Constituinte da Psicologia. Brasília: Conselho Federal de Psicologia, 1994a.

_____. Caderno síntese das deliberações do Congresso Nacional Constituinte da Psicologia. Brasília: Conselho Federal de Psicologia, 1994b.

CONSELHO NACIONAL DOS DIREITOS DA CRIANÇA E DO ADOLESCENTE. Regimento interno. In: PAULO, A. de (Org.). Estatuto da Criança e do Adolescente. Rio de Janeiro: DP&A, 2006.

CONSELHO REGIONAL DE PSICOLOGIA DA 6ª REGIÃO. Prática e paixão: memórias e mapas no trabalho com a menor-idade. São Paulo: Oboré, 1992.

CONTINI, M. de L. Adolescência e Psicologia. In: Relatório do II Seminário de Psicologia e Políticas Públicas: políticas públicas, Psicologia e protagonismo social. João Pessoa: Conselho Federal de Psicologia, 2003.

CUNHA, M. V. A educação dos educadores: da escola nova à escola de hoje. Campinas: Mercado das Letras, 1995.

DUARTE, L. F. D. Em busca do castelo interior: Roger Bastide e a psicologização no Brasil. In: DUARTE, L. F. D.; RUSSO, J.; VENÂNCIO, T. A. (Orgs.). Psicologização no Brasil: atores e autores. Rio de Janeiro: Contra Capa, 2005.

ESPÍRITO SANTO, A. A.; JACÓ-VILELA, A. M.; FERRERI, M. A imagem da infância nas teses da Faculdade de Medicina do Rio de Janeiro (1832-1930). Revista Psicologia em Estudo, v. 11, n. 1, 2006.

FAUSTO, B. História concisa do Brasil. São Paulo: EDUSP, 2006.

FERREIRA, A. A. L.; GUTMAN, G. O funcionalismo em seus primórdios: a Psicologia a serviço da adaptação. In: JACÓ-VILELA, A. M.; FERREIRA, A. A. L.; PORTUGAL, F. T. (Org.). História da Psicologia: rumos e percursos. Rio de Janeiro: Nau, 2006.

FERRERI, M. de A. Mostruário de discursos profissionais sobre Psicologia e direitos da infância. 2007. Tese (Doutorado em Psicologia Social). Universidade do Estado do Rio de Janeiro, Rio de Janeiro, 2007.

FREIDSON, E. *Renascimento do profissionalismo.* São Paulo: EDUSP, 1998.

GOHN, M. da G. *Teorias dos movimentos sociais*: paradigmas clássicos e contemporâneos. São Paulo: Loyola, 2000.

GRÜNSPUN, H. *Os direitos dos menores.* São Paulo: ALMED, 1985.

GUIRADO, M. *A criança e a Febem.* São Paulo: Perspectiva, 1980.

_____. Menor: o grande excluído. *Revista Psicologia: Ciência e Profissão,* Brasília, n. 1, 1984.

HEYWOOD, C. *Uma história da infância.* Porto Alegre: Artmed, 2004.

IULIANELLI, J. A. S. Juventude: construindo processos – o protagonismo juvenil. In: FRAGA, P. C. P.; IULIANELLI, J. A. S. (Orgs.). *Jovens em tempo real.* Rio de Janeiro: DP & A, 2003.

KANT, I. Resposta à pergunta: o que é Esclarecimento? In: *Textos seletos.* Petrópolis: Vozes, 2005.

LAPASSADE, G. *As microssociologias.* Brasília: Líber, 2005.

LEFORT, C. *A invenção democrática.* São Paulo: Brasiliense, 1983.

LODOÑO, F. T. A origem do conceito "Menor". In: PRIORE, M. D (Org.). *História da criança no Brasil.* São Paulo: Contexto, 1992.

LOURAU, R. Estudos históricos sobre a contrapedagogia. In: ALTOÉ, S. (Org.). *René Lourau*: analista institucional em tempo integral. São Paulo: Hucitec, 2004.

MARCÍLIO, M. L. A lenta construção dos direitos da criança brasileira – Século XX. [s.d.]. Disponível em: http://www.direitoshumanos.usp.br/bibliografia/. Acesso em: 11 abr. 2004.

MOVIMENTO NACIONAL DE MENINOS E MENINAS DE RUA. Resultados do I Encontro Nacional de Meninos e Meninas de Rua. *Revista de Psicologia,* Fortaleza, v. 4, n. 2, 1986.

NETTO, S. P. Artigo 2º. In: CURY, M.; SILVA, A. F. do A.; MENDEZ, E. G. (Org). *Estatuto da Criança e do Adolescente Comentado.* São Paulo: Malheiros, 1996.

ORGANIZAÇÃO DAS NAÇÕES UNIDAS. Convenção Internacional dos Direitos da Criança. In: PAULO, A. de (Org.). *Estatuto da Criança e do Adolescente*. Rio de Janeiro: DP&A, 2006.

OSES, L. M. *Derecho de menores*. Madrid: Piramide Ediciones, 1977.

OSTERNE, M. do S. F. A institucionalização da assistência ao menor no Brasil. *Revista de Psicologia*, Fortaleza, v. 4, n. 2, 1986.

OZELLA, S. Adolescência: uma perspectiva crítica. In: CONTINI, M. de L. J.; KOLLER, S. H.; BARROS, M. N. dos S. (Org.). *Adolescência e Psicologia*: concepções, práticas e reflexões críticas. Brasília: Conselho Federal de Psicologia, 2002.

PARRAT-DAYAN, S. Piaget e as instituições: o Instituto Jean-Jacques Rousseau, o BIE e o Centro Internacional de Epistemologia Genética. *Archives Piaget*. Genebra: Universidade de Genebra, [s.d]. p. 1-10.

PASSETTI, E. A política nacional do menor. *Revista de Psicologia*, Fortaleza, v. 4, n. 2, 1986.

_____. O menor no Brasil republicano. In: PRIORE, M. D. (Org.). *História da criança no Brasil*. São Paulo: Contexto, 1992.

_____. Socialibilidade autoritária e a abolição do castigo. In: RIVERO, N. E. E. (Org.). *Psicologia social*: estratégia, política e implicações. Santa Maria: ABRAPSO SUL, 2001.

PESSOTTI, I. Notas para uma história da Psicologia no Brasil. In: ANTUNES, M. A. M. (Org.). *História da Psicologia no Brasil*: primeiros ensaios. Rio de Janeiro: Ed. UERJ/Conselho Federal de Psicologia, 2004.

PIAGET, J. *O juízo moral na criança*. São Paulo: Summus, 1994.

PROJETO BRASIL NUNCA MAIS. *Brasil: nunca mais*. Petrópolis: Vozes, 1986.

RENAUT, A. *A libertação das crianças*: a era da criança cidadã. Lisboa: Instituto Piaget, 2002.

RIBBLE, M. *Os direitos da criança*. Rio de Janeiro: Imago, 1975.

_____. *O século perdido*: raízes históricas das políticas públicas para a infância no Brasil. Rio de Janeiro: Petrobrás/Ministério da Cultura/Ed.USU/ Amais, 1997.

RIZZINI, I.; RIZZINI, I. *A institucionalização de crianças no Brasil*. São Paulo: Edições Loyola, 2004.

ROUDINESCO, E. *Filósofos na tormenta*: Canguilhem, Sartre, Foucault, Althusser, Deleuze e Derrida. Rio de Janeiro: Jorge Zahar, 2007.

SADER, E. A Crise das políticas sociais e a atenção à infância e à juventude no Brasil. *Revista em Pauta – Faculdade de Serviço Social da UERJ*, Rio de Janeiro, n. 11, 1997.

SALDANHA, A. de M. Prólogo. *Revista Psicologia: Ciência e Profissão*, Brasília, n. 0, 1979. Edição especial.

SALES, M. A.; ALENCAR, M. M. T. O Estatuto da Criança e do Adolescente e a política social para a infância e juventude. *Revista em Pauta – Faculdade de Serviço Social da UERJ*, Rio de Janeiro, n. 11, 1997.

SANTOS, W. G. dos. *Cidadania e justiça*. Rio de Janeiro: Campus, 1994.

SÊDA, E. *A proteção integral:* um relato sobre o cumprimento do novo direito da criança e do adolescente na América Latina. Campinas: Adês, 1995.

SILVA, A. F. do A. O judiciário e os novos paradigmas conceituais e normativos da infância e da juventude. In: ALTOÉ, S. (Org.). *Sujeito do direito, sujeito do desejo*. Rio de Janeiro: Revinter, 2004.

SILVA, C. A. V. da. Idade penal e co-responsabilidade. *Cadernos Associação Brasileira de Organizações Não Governamentais*, n. 29, 2001.

SILVA, M. L. de O. O Estatuto da Criança e do Adolescente e o Código de Menores: descontinuidades e continuidades. *Revista Serviço Social e Sociedade*, São Paulo, v. 26, n. 83, 2005.

SILVA, M. V. de O. Psicologia e direitos humanos: perspectiva crítica ou modismo. In: *Relatório do II Seminário de Psicologia e Políticas Públicas: políticas públicas, Psicologia e protagonismo social*. João Pessoa: Conselho Federal de Psicologia, 2003a.

_____. Psicologia e protagonismo social In: *Relatório do II Seminário de Psicologia e Políticas Públicas: políticas públicas, Psicologia e protagonismo social*. João Pessoa: Conselho Federal de Psicologia, 2003b.

SILVA, R. *Os filhos do governo*. São Paulo: Ática, 1997.

SPINK, M. J. *Psicologia social e saúde*: práticas, saberes e sentido. Petrópolis: Vozes, 2003.

SOARES, A. R. A Psicologia no Brasil. *Revista Psicologia: Ciência e Profissão*, Brasília, n. 0, 1979. Edição especial.

SOARES, A. R. O direito privativo do psicólogo. Psicolia: Ciência e Profissão. v. 3, n. 2, p. 1-7, 1983.

SONTAG, S. *Diante da dor dos outros*. São Paulo: Companhia das Letras, 2003.

SOUZA, R. S. Conselho municipal dos direitos da criança e do adolescente: um artífice fundamental da política de atendimento. *Revista em Pauta – Faculdade de Serviço Social da UERJ*, n. 11, 1997.

STUMPF, R. Para nossas crianças, nem cadeia, nem caixão: uma trincheira para a luta dos direitos humanos IV. In: CONSELHO FEDERAL DE PSICOLOGIA (Org.). *Psicologia e direitos humanos:* subjetividade e exclusão. São Paulo: Casa do Psicólogo, 2004.

TEIXEIRA, M. de L. T. Para nossas crianças, nem cadeia, nem caixão: uma trincheira para a luta dos direitos humanos IV. In: CONSELHO FEDERAL DE PSICOLOGIA (Org.). *Psicologia e direitos humanos:* subjetividade e exclusão. São Paulo: Casa do Psicólogo, 2004.

THÉRY, I. Novos direitos da criança: a poção mágica? In: ALTOÉ Sonia (Org). *A lei e as leis*. Rio de Janeiro: Revinter, 2007.

VALE, J. R. A. Violência e menor. *Revista de Psicologia*, Fortaleza, v. 4, n. 2, 1986.

VASCONCELOS, H.; AMARAL, A. F.; CAVALLIERI, A. O Estatuto da Criança e do Adolescente e o Código de Menores. In: ARANTES, E. M. M.; MOTTA, M. E. de S. (Org.). *A criança e seus direitos*. Rio de Janeiro: PUC/ FUNABEM, 1990.

VIDAL, F. A "escola nova" e o espírito de Genebra: uma utopia político-pedagógica dos anos 20. In: GUEDES, M. do C.; CAMPOS, R. H. de F. *Estudos em história da Psicologia*. São Paulo: Educ, 1998.

VIEIRA, C. Adolescência e Psicologia. In: *Relatório do II Seminário de Psicologia e Políticas Públicas: políticas públicas, Psicologia e protagonismo social*. João Pessoa: Conselho Federal de Psicologia, 2003.

XAUD, G. M. B. Os desafios da intervenção psicológica na promoção de uma nova cultura de atendimento do adolescente em conflito com a Lei. In: BRITO, L. M. T. de (Org.). *Temas em Psicologia jurídica*. Rio de Janeiro: Relume Dumará, 1999.

WALLON, H. *Del acto al pensamiento*. Buenos Aires: Editorial Lantaro, 1965.

_____. Prefácio à primeira edição. In: MERANI, A. *Psicologia infantil*. São Paulo: Paz e Terra, 1972.

WARDE, M. J. Para uma história disciplinar: Psicologia, criança e pedagogia. In: FREITAS, M. C.(Org). *História social da infância no Brasil*. São Paulo: Cortez, 1997.

ZAZZO, R. *Onde está a Psicologia da criança?* Campinas: Papirus, 1989.

ZILIOTTO, M. C. O Estatuto da Criança e do Adolescente e a política de atendimento. *Revista Brasileira de Crescimento e Desenvolvimento Humano*, São Paulo, v. 2, n. 1, 1992.

Edições Loyola

impressão acabamento
rua 1822 n° 341
04216-000 são paulo sp
T 55 11 3385 8500
F 55 11 2063 4275
www.loyola.com.br